Du liebst mich,
Du liebst mich nicht

Du liebst mich,
Du liebst mich nicht

Ein Buch
über die Liebe

Herausgegeben von
Adolf Haslinger

tosa

Umschlag von HP unter Verwendung eines Dias des
Gustav Klimt Gemäldes „LIEBE“, © Historisches Museum
der Stadt Wien

Printed in Austria

FÜR DEN LESER

Dieses Buch ist das persönliche Ergebnis neugierigen Lesens durch Jahre. Sollte der Leser den Vorgänger spüren und dabei selbst neugierig werden, dann erreicht dieses Buch sein Ziel.
Zum andern will es Entdeckungen im Weltraum der »Liebe« bewirken, und zwar durch die Besonderheit dieser Anthologie:
Drei Abschnitte »Begegnen«, »Lieben« und »Verlieren« bilden die Gliederung, denkbar als Phasen eines Liebeserlebnisses. Ohne daß Themen genannt werden, sind Themen bedacht. In diesem Buch soll nichts zufällig an seinem Platz stehen. Dadurch beginnen die einzelnen Texte, über ihren Sinn hinaus, wirksam zu werden und gewinnen Bezüge zu Nachbar-Texten. Dem nachzuspüren, wird manchem Leser Vergnügen bringen.
Wenn hier Dichter verschiedener Epochen, aus ihrer Denkart und ihrem Fühlen heraus, über das Menschheits-Thema »Liebe« ins Gespräch kommen, soll der Leser daran teilhaben und einen geliebten Menschen vielleicht mit in diesen Dialog führen. So wird dieses Buch zur persönlichen Gabe zwischen Liebenden, auch als Liebeserklärung an die Literatur und an das Lesen.

Begegnen

BERT BRECHT

Shen Te, die Liebende, spricht:

Ich will mit dem gehen,
  den ich liebe.
Ich will nicht ausrechnen,
  was es kostet.
Ich will nicht nachdenken,
  ob es gut ist.
Ich will nicht wissen,
  ob er mich liebt.
Ich will mit ihm gehen,
  den ich liebe.

SARAH KIRSCH

Anziehung

Nebel zieht auf, das Wetter schlägt um. Der Mond versammelt Wolken im Kreis. Das Eis auf dem See hat Risse und reibt sich. Komm über den See.

THOMAS BERNHARD

Im Frauengraben

Im Gasthaus *Zur Wies* im Aurachtal, in welchem wir sehr oft mit den Holzarbeitern zusammen sind, wenn wir über ihre Probleme aufgeklärt werden und auch besser als woanders unterhalten sein wollen, ist neunzehnhundertdreiundfünfzig vor Weihnachten ein Mann aufgetaucht, welcher uns sofort durch seine Schweigsamkeit aufgefallen war. Daß er, den wir vorher noch nie gesehen hatten, bäuerlicher Abkunft gewesen sein mußte, war uns sofort klar gewesen, weil er, nachdem er sich in der Gaststube hingesetzt hatte, seinen Hut auf dem Kopf behalten hatte. Es war unklar, was der Mann, der an die dreißig gewesen ist, hier suchte, er war auch nicht bei hier ansässigen Verwandten zu Besuch, dafür war er uns zu wenig gut angezogen gewesen, seine Kleidung war abgetragen und an vielen Stellen sogar schon zerrissen. Einmal neugierig geworden, hatten wir ihn aufgefordert, an unserem Tisch Platz zu nehmen und sich an unserer Unterhaltung zu beteiligen und er hatte sich zu uns gesetzt und wir hatten ihm ein Glas Bier bringen lassen. Erst zu vorgeschrittener Stunde hatte der Mann ohne weiteres gesagt, daß er auf der Suche nach einer Frau sei, ob wir eine solche für ihn geeignete kennen, hatte er uns gefragt und wo sie zu finden sei. Ausgelassen, wie wir waren, hatten wir nur einen Scherz gemacht und ihn gegen Mitternacht in den sogenannten Frauengraben hineingeschickt, aus welchem ein kleiner, aber zuzeiten doch alles mit sich reißender Fluß herausstürzt und in welchem keine Sonne scheint. Im Frauengraben lebte eine an die fünfzig Jahre alte, an den Beinen und an den Armen und überhaupt vollkommen verkrüppelte Frau, die aber wegen ihrer absoluten Tierliebe und Menschenfreundlichkeit sehr geschätzt war. Der Mann ist zehn Jahre nicht mehr aus dem Frauengraben herausgekommen und nach zehn Jahren zum erstenmal allein zu dem Zweck, die alte Verkrüppelte in der kleinen Kirche zu Reindlmühle zu ehelichen. Nach ihrer Hochzeit sind die beiden auf weitere zehn Jahre im Frauengraben verschwunden. Es wird gesagt, daß sie glücklich sind.

LUDWIG HOHL

Erzählung vom Knecht

Er gleicht jenem rauhen und starken Burschen, den ich einmal in einem Bergdorf kannte, dem einzigen Gemsjäger der Gegend, der allein in jene Hochregionen des Gebirges stieg, wohin es keinem der andern Bewohner des Dorfes im Traum je einfiel zu steigen, im Alltag ein großer, der beste Arbeiter, aber in untergeordneter Stellung, der Ärmste, von allen übervorteilt. Seine Liebe zu dem zarten und wie unirdischen Kinde, welches einer Seerose gleicht, kann er niemals zeigen; immer drängen die andern, Gewandteren sich vor (er ist nicht frech, so wenig frech, daß jeder sich vordrängt vor ihm). Allein, stumm sitzt er zum Beispiel auf dem Dach des Schuppens an diesen Sonntagnachmittagen, allenfalls mit Lachen gezeigt von jenen andern, Flinkeren, er, dem man allein die *niedrigsten* Motive unterschieben würde, sich in dieses Seerosenreich hineinzuwagen... Sie umgeben das Kind, ihr großes Wesen mit ihm treibend, schmeichelnd und verwöhnend, während der rauhe Bursche – den jeder nur für rauh hält, weil er stumm ist, und dessen merkwürdigen Blick niemand beachtet – draußen auf dem Dach des Schuppens sitzt in Bitterkeit, oder auf einem Holzstrunk, selbst nicht viel anders betrachtet als ein Holzstrunk. Hat er denn das Recht zur Liebe? Er weiß es selbst schon nicht mehr. Jene haben die Rechte der Liebe, jene triumphieren.

Alles bleibt unverändert bis zu dem Tage, an dem das verheerende Unglück ausbricht, die Feuersbrunst. Da fliehen vor der tödlichen Bedrohung alle: wo bleibt das leichte, schmeichelnde Spiel? wo die reichen Bezeugungen der Liebe? Nun aber verwandelt sich auch der Bursche; er wird wie ein Pfeil und wird wie ein Löwe; er rettet das Kind, da, wo niemand mehr an Retten dachte, wo es unmöglich schien. Und es ist gar keine Frage für ihn, ob er handeln soll oder nicht, als alle zögern. Und er tut es nicht *aus Pflicht;* sondern darauf hat er immer *gewartet.* Die Glut in ihm erstrahlt wie ein Mond; strebte nicht alles in ihm immer *dahin*? Ja eine Sonne ist er geworden: wie er so klar durchs Ziel rennt – keiner hatte je *solchen* Liebesdienst gemeint –; hier, ohne frech zu sein, kann er voraus, allein gehen. Man hätte sein Leben verlieren können – und nun triumphiert *seine* Liebe.

FRANZ KAFKA

Gestern kam eine Ohnmacht zu mir

Gestern kam eine Ohnmacht zu mir. Sie wohnt im Nachbarhaus, ich habe sie dort schon öfters abends im niedrigen Tor gebückt verschwinden sehn. Eine große Dame mit lang fließendem Kleid und breitem, mit Federn geschmücktem Hut. Eiligst kam sie rauschend durch meine Tür, wie ein Arzt, der fürchtet, zu spät zum auslöschenden Kranken gekommen zu sein.

»Anton«, rief sie mit hohler und doch sich rühmender Stimme, »ich komme, ich bin da!«

In den Sessel, auf den ich zeigte, ließ sie sich fallen.

»Hoch wohnst du, hoch wohnst du«, sagte sie stöhnend.

Tief in meinem Lehnstuhl nickte ich. Zahllos hüpften vor meinen Augen die Treppenstufen auf, die zu meinen Zimmern führten, eine hinter der andern, unermüdliche kleine Wellen.

»Warum so kalt?« fragte sie, zog ihre langen alten Fechterhandschuhe aus, warf sie auf den Tisch und sah mich, den Kopf geneigt, augenzwinkernd an.

Mir war, als sei ich ein Spatz, übe auf der Treppe meine Sprünge und sie zerzause mein weiches flockiges graues Gefieder.

»Es tut mir von Herzen leid, daß du dich nach mir verzehrst. Oft schon sah ich aufrichtig traurig in dein abgehärmtes Gesicht, wenn du im Hof standst und zu meinem Fenster aufblicktest. Nun, ich bin dir nicht ungünstig gesinnt und hast du auch mein Herz noch nicht, so kannst du es doch erobern.«

EDUARD MÖRIKE

Erstes Liebeslied eines Mädchens

Was im Netze? Schau einmal!
Aber ich bin bange;
Greif ich einen süßen Aal?
Greif ich eine Schlange?

Lieb ist blinde
Fischerin;
Sagt dem Kinde,
Wo greifts hin?

Schon schnellt mirs in Händen!
Ach Jammer! o Lust!
Mit Schmiegen und Wenden
Mir schlüpfts an die Brust.

Es beißt sich, o Wunder!
Mir keck durch die Haut,
Schießt's Herze hinunter!
O Liebe, mir graut!

Was tun, was beginnen?
Das schaurige Ding,
Es schnalzt da drinnen,
Es legt sich im Ring.

Gift muß ich haben!
Hier schleicht es herum,
Tut wonniglich graben
Und bringt mich noch um!

HEINRICH VON KLEIST

Mädchenrätsel

Träumt er zur Erde, wen
Sagt mir, wen meint er?
Schwillt ihm die Träne, was,
Götter, was weint er?
Bebt er, ihr Schwestern, was,
Redet, erschrickt ihn?
Jauchzt er, o Himmel, was
Ist's, was beglückt ihn?

THEODOR STORM

Die Nachtigall

Das macht, es hat die Nachtigall
Die ganze Nacht gesungen;
Da sind von ihrem süßen Schall,
Da sind in Hall und Widerhall
Die Rosen aufgesprungen.

Sie war doch sonst ein wildes Kind;
Nun geht sie tief in Sinnen,
Trägt in der Hand den Sommerhut
Und duldet still der Sonne Glut
Und weiß nicht, was beginnen.

Das macht, es hat die Nachtigall
Die ganze Nacht gesungen;
Da sind von ihrem süßen Schall,
Da sind in Hall und Widerhall
Die Rosen aufgesprungen.

JOHANN WOLFGANG VON GOETHE

Willkommen und Abschied

Es schlug mein Herz, geschwind zu Pferde!
Es war getan fast eh gedacht.
Der Abend wiegte schon die Erde,
Und an den Bergen hing die Nacht:
Schon stand im Nebelkleid die Eiche,
Ein aufgetürmter Riese, da,
Wo Finsternis aus dem Gesträuche
Mit hundert schwarzen Augen sah.

Der Mond von einem Wolkenhügel
Sah kläglich aus dem Duft hervor,
Die Winde schwangen leise Flügel,
Umsausten schauerlich mein Ohr;
Die Nacht schuf tausend Ungeheuer,
Doch frisch und fröhlich war mein Mut:
In meinen Adern welches Feuer!
In meinem Herzen welche Glut!

Dich sah ich, und die milde Freude
Floß von dem süßen Blick auf mich;
Ganz war mein Herz an deiner Seite
Und jeder Atemzug für dich.
Ein rosenfarbnes Frühlingswetter
Umgab das liebliche Gesicht,
Und Zärtlichkeit für mich – ihr Götter!
Ich hofft es, ich verdient es nicht!

Doch ach, schon mit der Morgensonne
Verengt der Abschied mir das Herz:
In deinen Küssen welche Wonne!
In deinem Auge welcher Schmerz!
Ich ging, du standst und sahst zur Erden,
Und sahst mir nach mit nassem Blick:
Und doch, welch Glück, geliebt zu werden!
Und lieben, Götter, welch ein Glück!

WILHELM LEHMANN

In Solothurn

Vor hundert Jahren suchte ich die schöne Magelone.
Sie liebte mich, ich war ihr gut genug.
Vor hundert Jahren, als mein Fuß mich schwebend trug.

Ich bin in Solothurn. Frag ich, ob sie hier wohne?
Die weiße Kathedrale fleht den Sommerhimmel an.
Auf hoher Treppe sitze ich, ein junggeglühter Mann.
Die alten Brunnenheiligen stehn schlank;
Die Wasser rauschen, Eichendorff zu Dank.

Hôtel de la Couronne. Mit goldnen Gittern schweifen
  die Balkone.
Ein Auto hielt. War sie's, die in den Sitz sich schwang?
Adieu! Dein Reiseschal des Windes Fang.

Die Brunnen rauschen. Ihre Stimme spricht
Uns hundert Jahre wieder ins Gedicht:
Mich, Peter von Provence, dich, Magelone.

EVA SCHMIDT

Hotel am Meer

Ich ging zum Meer und sah von weitem einen Mann am Wasser stehen. Aufrecht, die Hände in den Hosentaschen, stand er da und wandte sich nicht um, als ich näher kam, obwohl er meine Schritte schon gehört haben mußte. Nun stand er genau dort, wo ich mich niederlassen wollte, durch seine Anwesenheit ließ ich mich aber beirren, ging ein Stück den Strand entlang, und da ich keine Stelle entdeckte, die mir gefiel, setzte ich mich schließlich dort, wo ich stehengeblieben war, um mich umzusehen, in den Sand, ohne aber meine Decke auszubreiten. Der Mann wollte mich nicht bemerken, er war damit beschäftigt, auf das Wasser zu blicken oder darüber hinweg, und außer uns beiden war noch kein anderer da, so konnte ich ihn ungehindert betrachten. Gleich legte ich viel in ihn hinein, sah ihn schon auf mich zukommen, sich zu mir herabbeugen, wortlos würde er meine Hand nehmen, und wir würden zurückgehen zum Hotel, im Zimmer die Fensterläden schließen und von da an immer zusammenbleiben. Es machte mir nichts aus, wenn sich meine Träume nicht erfüllten, gefahrlos konnte ich mich ihnen überlassen, denn ich träumte immer nur von den Dingen, die in Wirklichkeit nicht möglich waren, als wäre es nur zum Zeitvertreib.

KARL VALENTIN

Die Heirats-Annonce

Schalterraum-Geräusche, Zeitungblättern.

RUNDFUNK-ANSAGER Verehrte Hörerinnen und Hörer! – Wir bringen Ihnen nun einen Hörbericht von einem Schalterraum des ›Allgemeinen Stadtboten‹. – Wir schalten um!

v Verzeihen Sie, Fräulein, bin ich hier am richtigen Schalter? In Ihrer Zeitung stand eine Heirats-Annonce: »Einsame Witwe sucht zum 2. Mal ihr Glück in der Ehe, usw.« Ich habe diese Annonce gelesen ⁀ ungefähr ⁀ vor 4–5 Wochen in Ihrem Blatte, und die Zeitung ging mir verloren. Oh bitte, sind Sie doch so gut und suchen Sie mir die Zeitung mit dieser Annonce!

K Ja du lieber Gott, wenn Sie nicht den genauen Datum wissen, läßt sich das schwer machen.

v Die Annonce war ungefähr 5 cm lang und 3 cm breit. »Einsame Witwe sucht zum 2. Mal ihr Glück usw.«

K Vor 4 bis 5 Wochen, sagen Sie? ⁄ Ja, Sie können doch nicht verlangen, daß ich alle diese Zeitungen, die seit 5 Wochen erschienen sind, durchblättere!

v Sind Sie doch so lieb! Vielleicht ist es schon in den ersten Nummern enthalten!

K No, – das wäre ein großer Zufall!

v »Einsame Witwe sucht zum 2. Mal ihr Glück in der Ehe usw.« Die Annonce ist ungefähr 5 cm lang und 3 cm breit.

K Das ist doch unmöglich, unter so vielen Zeitungen die Anzeige herauszufinden!

v Aber es ist dring'standen!

K Ja ja, da steht mehr drin!

v Ja, das andere interessiert mich nicht; mich interessiert nur die eine Annonce. Die Annonce ist, wie gesagt, zirka 5 cm lang und 3 cm breit, und der Text ist: »Einsame Witwe sucht zum 2. Mal ihr Glück in der Ehe usw.«

K Ja, so schaun Sie doch her, das ist jetzt schon die 10. Zeitung; ich habe doch schließlich andere Arbeit auch noch zu machen!

v Fräulein! Sind Sie doch so nett! Sie helfen mir vielleicht zu meinem Glück! Es hängt alles von dieser Annonce ab, von dieser kleinen Annonce, 5 cm lang und 3 cm breit, »Einsame Witwe sucht zum 2. Mal ihr Glück in der Ehe usw.«

K Ja, das weiß ich jetzt bereits, wie die Annonce lautet, aber Sie sehen ja selbst – ich finde diese Annonce nicht.

V Vor 4 bis 5 Wochen habe ich dieselbe selber gelesen: »Einsame Witwe sucht ...«

K Ja, so hören S' doch jetzt endlich einmal auf mit der einsamen Witwe!

V *Aufhören*, Fräulein! – *Anfangen* will ich mit der einsamen Witwe, nicht aufhören! Deshalb ersuche ich Sie ja, so lange zu suchen, bis wir sie haben! Die Annonce ist ungefähr ...

K ... 5 cm lang und 3 cm breit! Solche Annoncen in dieser Größe sind nach den Hunderten in unserer Zeitung.

V Ja ja, das glaube ich schon, aber es handelt sich ja bei dieser Annonce nicht nur um die Größe allein, sondern um den Text – »Einsame Witwe sucht zum 2. Mal ihr Glück in der Ehe«.

K Ja, Ehe! – Ehe wir die Annonce finden, suchen's Ihnen a andere Witwe! Da gibt's genug in München!

V *Nein*, – ich will nur eine »einsame Witwe, die zum 2. Mal ihr Glück in der Ehe sucht«!

K Jetzt mag ich nicht mehr! Da schaun's her! Jetzt hab ich alle Heirats-Annoncen der letzten 5 Wochen durchgeschaut, da ist keine drinn. Haben Sie die Annonce auch bestimmt in unserem Blatt gelesen?

V Ja, – ganz bestimmt!

K Vielleicht haben Sie's im ›Landboten‹ gelesen? Wir sind die Redaktion vom ›Stadtboten‹.

V Ja! – Im ›Landboten‹!

K Ja, Sie saudummer Hanswu ...

RUNDFUNK-ANSAGER Wir schalten um!

ANTON KUH

Der Backfisch

Zur Etymologie: »Back-Fishes« heißen im Englischen Fische, die so klein sind, daß sie ins Wasser wieder zurück-(back)geworfen werden.

Der Backfisch (piscis cupidus ludens) gehört einer in den Großstädten ausgestorbenen Gattung an.

Er tritt in der Regel in kichernden Sechserreihen auf, die Gesichter einwärts gerichtet; gerötet durch Angriffslust, Angst und Mitschülerscham.

Sein Körper zeigt die possierlichen Unarten des Übergangs, vorn präsentiert er mit Hochdruck seine Weiblichkeit, im Rükken brennt ihm der mütterliche Zuruf: »Halt dich grad!«

Durch diese Unausgewachsenheit den Appetit anreizend, erweist sich der Backfisch infolge seines Grätenreichtums freilich zumeist als unschmackhaft.

Wenn ihm die Hand zum Gruß gereicht wird, pinseln seine Finger zaghaft die dargebotene Rechte; oder er ergreift sie mit knackendem Ungestüm und schüttelt sie nach Bergsteiger-Manier. Auf der Flucht vor sanfter Berührung stürzt er sich in die Umklammerung, ängstlich vor der Nähe annulliert er sie durch Temperament.

Wenn ihm ein Mund begegnet, drückt er seinen Kopf heftig gegen das fremde Lippenpaar, um hier an Stelle eines Vorgangs wenigstens eine Wunde zu hinterlassen. Sein Traum ist der Kuß, bei dem man mit eingepreßten Lippen ganz stark an etwas Schönes denkt – ohne daß ihm beifiele, der Kuß selber könnte etwa das Schöne sein.

Ein Lebewesen, das von der Natur mit so tiefreichenden Sicherungen bedacht wurde, ist natürlich tollkühn und waghalsig. So mustert der Backfisch seine Beute mit blankerem Aug als jeder Haifisch, sucht Gefahren auf, liebt die Dunkelheit. Aus der Umgarnung durch das Opfer reißt ihn immer der Lachkrampf.

Unverändert durch die Zeiten blieb ihm die Vorliebe für Autogramme und Künstlerporträts. Er richtet sich sein Nest mit allerhand Visagen aus Papier und Pappe ein. Wenn freilich vor dreißig Jahren ein Chronist seufzte: »Die Backfische schneiden sich den Namen Kainz aus der Zeitung aus und streichen ihn auf die Butterstulle«, so müßte er heute einen kleinen Geschlechtswechsel des Aufstrichs feststellen: die Primadonna ist umträumter als der Held; denn die schöne Frau weht Wirklichkeiten in die Stube, der schöne Mann nur Gelegenheiten.
Das wissen sogar schon die Backfische. Sie haben die obszöne Phantasie, mit der man das Richtige errät. Sie sind ahnungslos, aber habsüchtig in ihrem Blick aufs Ganze.
Der Backfisch hat mehr Untugenden als Reize. Er ist neidisch, unzüchtig, unsachlich, ungeduldig. Er erwehrt sich der angelockten Männchen durch die Gewißheit, daß sie von ihm nur das haben wollen, woran er ausschließlich denkt; er legt sich gern Kollektionen verschmachteter Freier an, die anderen weggeschnappt wurden; weil er mit ihnen nichts anzufangen weiß, entläßt er sie nie aus dem Bann; er liebt, kurz gesagt, die Spannungen, die sich, Verwirrung stiftend, in Nichts auflösen. Ab und zu aber geschieht es, daß ein Wort, ein Blick ihn aus den Angeln hebt; dann wird aus der geschlossenen Knospe die Welt noch einmal geboren; das Mädchen von fünfzehn ist plötzlich so bedingungslos Frau wie die Ottilie aus den »Wahlverwandtschaften« oder des Novalis heiliges Mädchen.
Schlimmer und häufiger ist heute der umgekehrte Fall: daß das Erlebnis Mann zu selbstsicher und leichtfertig antizipiert wurde, um die Backfischseele je zu ändern. Seltsam: gerade frühe Freiheit hindert das Erwachen. Je näher die Couch, desto ferner die Liebe. Deshalb ist der Zustands-Backfisch (mulier intacta) zwar (seitdem das Haar der Mädchen nicht mehr im Nacken zu Knödeln aufgesteckt wird, noch in kurzen Pferdepeitschen ums Ohr baumelt) eine Seltenheit. Aber er hat einen böseren Nachfolger hinterlassen: den lebensläng-

lichen Backfisch (virgo tacta). – Diese Art des Backfischs laicht ein paarmal im Jahr. Sie erreicht manchmal stattliche Größe. Sie geht auf Jagd, um nach der Paarung pfeilschnell wieder abzustoßen. Aber ob ihr Haar auch rote Flammen speit, ob sie wie die Garbo aussieht, ob sie Blut aus Kehlen saugt oder zehn oder zwanzig oder hundert Männer konsumiert – sie ist das Pendant zu dem Studenten, der Mann zu sein glaubt, weil er sich im Freudenhaus etwas geholt hat.

LUDWIG UHLAND

Sie

Guckst du mir denn immer nach,
Wo du nur mich findest?
Nimm die Äuglein doch in acht!
Daß du nicht erblindest.

Er

Gucktest du nicht stets herum,
Würdest mich nicht sehen;
Nimm dein Hälschen doch in acht!
Wirst es noch verdrehen.

GEORG CHRISTOPH LICHTENBERG

Die beiden Magnetnadeln

Zwei Magnetnadeln waren frei neben einander aufgehängt, nahe genug sich wechselsweise zu ziehen, und mit ihren Spitzen zusammen zu kommen. Dieses bemerkte ein Knabe und wollte die Spitzen trennen, sie zogen sich aber immer wieder an und schienen sich besonders zu lieben. Was ist die Ursache, fragte er den Informator, daß diese Spitzen nicht von einander wollen? Dieser erklärte ihm hierauf kurz die ersten Eigenschaften der Magneten und schloß damit, daß diese Spitzen, die sich hier so zu küssen schienen, die *ungleichnamigen* Pole dieser Magneten wären. Das ist aber doch schade, erwiderte der Knabe, daß Dinge, die so sehr zusammen zu gehören scheinen, so entgegengesetzte Namen führen; machen Sie sie doch gleichnamig, das klingt ja freundschaftlicher. Mit einem einzigen Strich machte der Informator eben diese beiden Spitzen *gleichnamig*, und nun wendeten sie sich den Rücken und stießen einander ab.
So lange Hr. v. A. und das Fräulein v. B. *ungleichnamig* waren zogen sie sich wechselsweise, jetzt da sie vor dem Altar *gleichnamig* geworden sind, stoßen sie sich ab.

FRANZ GRILLPARZER

Eine Schweinerei nach Hegelschen Prinzipien

Er wollte sich die Befriedigung seiner selbst verschaffen und versuchte daher, als Begierde sie aufzuheben. Sie aber war noch einfache Negation und hielt die Röcke über dem Knie zusammen. Endlich aber erkannte sie in seinem Ansich ihr eigenes Fürsich, negierte ihre Negation und hob sich selbst auf. Nun reflektierten sie sich ineinander und gingen in die Einfachheit der Gattung über. Die Verdopplung aber trat erst neun Monate später ein.

CHRISTIAN MORGENSTERN

Die zwei Parallelen

Es gingen zwei Parallelen
ins Endlose hinaus,
zwei kerzengerade Seelen
und aus solidem Haus.

Sie wollten sich nicht schneiden
bis an ihr seliges Grab:
Das war nun einmal der beiden
geheimer Stolz und Stab.

Doch als sie zehn Lichtjahre
gewandert neben sich hin,
da wards dem einsamen Paare
nicht irdisch mehr zu Sinn.

War'n sie noch Parallelen?
Sie wußtens selber nicht, –
sie flossen nur wie zwei Seelen
zusammen durch ewiges Licht.

Das ewige Licht durchdrang sie,
da wurden sie eins in ihm;
die Ewigkeit verschlang sie
als wie zwei Seraphim.

RICHARD DEHMEL

Toilette

Aber komm mir nicht im langen Kleid,
Komm gelaufen, daß die Funken stieben,
Beide Arme offen und bereit!
Auf mein Schloß führt keine Galatreppe,
Über Berge geht's, reiß ab die Schleppe,
Nur mit kurzen Röcken kann man lieben!

Stell dich nicht erst vor den Spiegel groß,
Einsam ist die Nacht in meinem Walde,
Und am schönsten bist du blaß und bloß,
Nur beglänzt vom schwachen Licht der Sterne,
Trotzig bellt ein Rehbock in der Ferne
Und ein Kuckuck lacht in meinem Walde.

Wie dein Ohr brennt! wie dein Mieder drückt!
Rasch, reiß auf, du atmest mit Beschwerde;
O wie hüpft dein Herzchen nun beglückt!
Komm, ich trage dich, du wildes Wunder:
Wie dich Gott gemacht hat! weg den Plunder!
Und dein Brautbett ist die ganze Erde.

BARBARA FRISCHMUTH

Die Anstandsstunde

Versucht ein Mann sich euch zu nähern, in welcher Absicht es auch sein möge – in geschlossenem Raum oder im Freien –, senkt vorerst den Blick, ihr gewinnt dadurch Zeit, nachzudenken. Schon aus dem Gehaben, mit dem er auf sich aufmerksam macht, geht hervor, welche Art von Vergnügen er von eurer Bekanntschaft erwartet. Sucht er ein freundliches Beisammensein mit lang andauernden Gesprächen, an denen sich eine ihn nicht verpflichtende Zuneigung entzünden soll – fälschlicherweise wird diese Art von Verhältnis oft ein platonisches genannt –, wird er euch fürs erste mit äußerster Diskretion darauf aufmerksam machen, daß die Haltung eures Kopfes, obzwar anmutig und von kindlicher Grazie, so doch Geist verrate, wie er hinter so rosiger Stirn kaum zu vermuten wäre. Er wird Fragen an euch richten, die ihm Gelegenheit geben, euch das Ausmaß seines Wissens zu erläutern, ohne daß er Wert auf die richtige Beantwortung derselben legte. Er verlangt nur, daß ihr euch über die Bedeutung des jeweiligen Gesprächs, das er mit euch führt, im klaren seid. Es ist durchaus gestattet, sich von ihm in regelmäßigen, aber nicht zu kurzen Abständen auf ein Glas Limonade oder auf einen kleinen Imbiß einladen zu lassen und ihm das Recht einzuräumen, euch Bücher oder ähnliches Bildungsmaterial zu schenken, doch sollt ihr nie vergessen, eurerseits ein Begleichen der Rechnung vorzuschlagen.
Ein anderes Problem ist das der Dauer einer solchen Freundschaft. Nach menschlichem Ermessen wird sie eine kurze haben, denn entweder nähert er sich euch oder er entfernt sich. Ist es ein wertvoller Mensch, wird euch an einer zeitlichen Ausdehnung der Freundschaft gelegen sein. Dabei ist es am besten, wenn ihr es vermeidet, allzu oft an menschenleeren Orten mit ihm zusammenzutreffen, andererseits sollt ihr euch aber auch nicht zu abweisend verhalten. Wer weiß,

wozu ihr den Mann noch brauchen werdet. Ihr müßt klug sein wie die Schlangen und einfältig wie die Tauben oder andere Beispiele aus der Heilsgeschichte.
Versucht er, wie zufällig eure Hand zu ergreifen und sie an den Mund zu führen, so nehmt sie ihm wie zufällig wieder weg, indem ihr vorgebt, euer Taschentuch nötig zu haben. Sollte er sich gesprächsweise eurem Ohr nähern – als hätte er, der Heimlichkeit des Erzählten wegen, leise zu sprechen – und es mit dem Hauch seiner Worte kitzeln, um euch dem längst Fälligen geneigt zu machen und durch die Berührung aufzuregen, so macht nicht viel Aufhebens davon. Am besten kehrt ihr ihm das Gesicht zu – in aller Unschuld –, und er wird es kaum wagen, euren Mund auf ähnliche Weise berühren zu wollen; das entspräche nicht dem Typ, den er vorstellt.
Die ersten Schwierigkeiten könnt ihr als überwunden betrachten, wenn er anhebt, euch aus seinem Privatleben zu erzählen. Ihr dürft dabei keine Neugier zeigen. Er soll nie das Gefühl verlieren, euch aus freien Stücken zur Mitwisserin seiner Geheimnisse zu machen. Stellt ihr es geschickt an, so wird er bald beginnen, euren Rat einzuholen, und er wird sich euch immer als dankbar erweisen, wenn ihr erkennen laßt, daß ihr ihm auf selbstlose Weise zu helfen bereit seid. Bewährt sich euer Rat oder die Art, in der ihr ihm ratet, wird eure Person ihm unentbehrlich werden, und er wird es nicht verabsäumen, sich an anderer Stelle für euch zu verwenden und sich erkenntlich zeigen, soweit es in seiner Macht steht.
Seid ihr an diesem Punkt angelangt, dürft ihr erst recht nicht in den Fehler verfallen, ihm auch nur die geringste körperliche Berührung zu gestatten, sonst verliert das Bild, das er sich von euch macht, an Feinheit, und er wird sich der Nachlässigkeit im Benehmen gegen euch schuldig machen. Widersteht ihr der Versuchung – gegen die ihr nie gefeit seid –, wird seine Verpflichtung gegen euch ins Unermeßliche steigen. Allerdings dürft auch ihr euch nie einer Achtlosigkeit hinsichtlich eurer Kleidung oder eures Benehmens schuldig machen, denn er sieht in euch das für ihn nicht Erreichbare, aus

dem er nur so lange Genuß schöpft, solange er euch ergeben ist, ohne sich deshalb schämen zu brauchen.
Freundschaften dieser Art sollt ihr aber nur eingehen, wenn ihr eurer selbst sicher seid, euren Körper zu beherrschen und euren Geist zu präsentieren versteht. Wenn ihr die gegebenen Regeln beachtet, können euch Beziehungen dieser Art in jeder Lebenslage von Nutzen sein. Ihr werdet auch eure Freude dran haben und die Gewißheit, daß euer Tun ein religiös erlaubtes ist.
Sollte sich euch aber ein Mann nähern, dessen Gehaben keinen Zweifel daran läßt, daß er euren Leib begehrt, wie er schon viele Leiber begehrt hat, ohne gewillt zu sein, sich euch gegenüber in irgendeiner Weise zu verpflichten, so ist es am besten, ihr verschwendet weder Wort noch Blick an ihn und geht – seiner ungeachtet – eurer Wege. Wenn ihr aber diesen Augenblick versäumt habt und es die Konvention gebietet, mit ihm – seiner Stellung oder seines Amtes wegen – umzugehen, so versichert euch in seiner Gegenwart des Schutzes von Dritten, so daß nichts euch geschehen kann. Sollte auch dies nicht möglich sein, so schützt eine jener widerlichen Krankheiten vor oder vermindert den Reiz eures Äußeren, so daß er von selbst Abstand von seinem Begehren nimmt. (Dies ist bereits eine Notlösung!)
Sollte sich euch aber ein Mann nähern, der sehr bald zu erkennen gibt, daß er euch mit Leib und Seele in Besitz zu nehmen trachtet, so ist es eure Aufgabe, euch im besten Licht vor ihm zu zeigen, so daß er über kurz oder lang zu der Einsicht kommt, ein Leben ohne euch könne von ihm nur im Schatten gelebt werden.
Solange er euch keinen Antrag macht, müßt ihr euch strenge Zurückhaltung auferlegen. Eure erste Waffe ist die ständige Steigerung des Reizes, den ihr auf ihn ausübt, doch darf der Rahmen des Erlaubten nie gesprengt werden. Ihr sollt ihm aber auch nicht weismachen, euer Leib sei fühllos, es würde ihn ängstigen und er müßte es auf eine Probe ankommen lassen. Wenn es euch ernsthaft darum zu tun ist, ihn euch

vollends verbindlich zu machen, und der Eindruck, den er in euch hinterlassen hat, sich nicht verflüchtigt, so sollt ihr euch gewisser Gesten bedienen, die ihn unfehlbar für euch einnehmen müssen. Zeigt ihm, daß ihr sparsam mit seinem Geld umgehen wollt, indem ihr vorderhand in seiner Gegenwart auf Süßigkeiten jeder Art verzichtet, auch wenn er sie euch anbietet – es ist gut für eure Figur und beweist, daß ihr nicht verwöhnt seid –, bekreuzigt euch vor jeder Kirche und vor jedem Bildstock, an dem ihr zufällig vorbeikommt – gerade eure rührende Frömmigkeit wird ihm etwas bieten, das er vielleicht seit den Kindertagen vermissen mußte –, greift bei den gemeinsamen Spaziergängen recht oft nach den Schöpfen spielender Kinder und streichelt sie – dies zeigt ihm so manches –, fragt ihn selbst des öfteren nach seiner Mutter – damit nehmt ihr seinem vielleicht zeitweise aufkeimenden Verdacht, es könne zu familiären Unstimmigkeiten kommen, jede handgreifliche Veranlassung – und zeigt euch stets um sein Wohlergehen bemüht, wobei ihr aber nicht übertreiben sollt, es könnte ihm lästig fallen oder euch für späterhin zum Nachteil gereichen.

Hat er sich euch nun erklärt und sich mit euren Eltern ins Einvernehmen gesetzt, gehört er derselben Konfession an wie ihr und ist er nicht schon eine vor Gott unlösbare Verbindung eingegangen, so steht einer Segnung und Legalisierung eurer gegenseitigen Zuneigung nichts im Wege.

Es ist zwar keine Sünde, wenn ihr es zulaßt, daß er bereits vor der Verlobung euren Mund mit dem seinen berührt, doch empfiehlt es sich nicht, denn so wie ein Wort das andere, so gibt auch eine Berührung die andere, und ihr müßt es euch immer vergegenwärtigen, daß nur der Mann euch wirklich schätzt, dem ihr unberührt ins Brautbett gefolgt seid. Ein Mißachten dieses Gebotes würde einen langen Schatten über euren fürs Leben geschlossenen Bund werfen. Man würde einer jeden unter euch als Charakterschwäche ankreiden, was sie als der Not gehorchend vermeint hat. Und im übrigen ist nicht zu vergessen, daß jede fleischliche Beziehung Folgen

haben kann. Welches Mittel der Verhütung man euch auch vorschlagen wird, ihr sollt eure Angst nie verlieren, denn die Gabe Gottes wird gegeben wann und wem Er will.
Doch seid ihr nun einmal in den geheiligten Stand der Ehe getreten, seid ihr zwar dem Gebot unterworfen, eurem Gatten zu dienen und ihm untertänig zu sein, doch soll dies im Bewußtsein des Wertes geschehen, den er an euch besitzt. Ihr seid sicher nicht mit leeren Händen in sein Haus gekommen, und sollte es euch an materieller Ausstattung gefehlt haben, so hat ihm eure vorzügliche Erziehung zu Handfertigkeiten aller Art diesen Mangel mehr als ersetzt.
Ihr seid ihm jungfräulich anheimgefallen. Er hat also die Pflicht, euch all das zu bieten, was andere, die ihr seinetwegen abgewiesen habt, euch geboten hätten, und diese seine Pflicht wächst in dem Maße, als ihr euch an die Gebote der Ehe haltet.
Sollte der Fall eintreten, daß euer Mann euch betrügt, habt ihr nicht das Recht, den Gegenstand oder die Person, mit dem oder mit der dies geschieht, zu schmähen, doch könnt ihr ihm die Verächtlichkeit seines Tuns vor Augen führen, indem ihr ihn merken laßt, welcher Vorzüge er sich beraubt, wenn er sein Glück in einem anderen Schoß sucht. Natürlich ist auch bei solcher Gelegenheit Gott der oberste und letzte Richter, doch sind euch strafende Blicke und Handlungen – wenn ihr euch seiner zum Beispiel auf eine Weile entzieht – erlaubt. In eurem Sinne sollt ihr darin aber nicht zu weit gehen. Ihr könntet euch einen länger währenden Ekel vor seiner Person zuziehen, was nicht ratsam ist, da ihr auf ihn angewiesen seid und dabei die von Gott gewollte Fortpflanzung innerhalb des von euch eingegangenen Bundes ins Stocken geraten könnte, was aber nur im Falle von äußerster Armut gestattet und bei Krankheit sogar empfohlen wird.
Da wir nun schon einmal dabei sind, muß erwähnt werden, daß es einige unter euch geben wird, die auch ab der Zeit, wo euch vieles erlaubt ist, ihre Zurückhaltung nicht ablegen wollen noch können. Es wird zunächst viel von der Herzens-

bildung des Mannes abhängen, euch die tiefverwurzelte Scheu zu nehmen, aber es hängt auch in nicht geringem Maß von eurer persönlichen Anstrengung ab, ob das Erkennen der Seelen sich auf harmonische Weise im Fleisch fortsetzt. Läßt das Zartgefühl des Mannes zu wünschen über und nennt er die Dinge zu deutlich beim Namen, gelingt es euch nicht, eure Hemmnis aus eigener Kraft aus dem Wege zu räumen, ist es am besten, ihr sucht eure Mutter auf und trachtet, euch von dieser Ratschläge zu holen. Sollte sich dies aus irgendeinem Grund nicht bewerkstelligen lassen, so setzt euch mit einem – für seine Verschwiegenheit bekannten – Arzt in Verbindung. In aussichtslos scheinenden Fällen wendet ihr euch aber am besten gleich an einen Priester und versucht selbst durch gesteigertes Beiwohnen der hl. Messe, durch verstärktes stilles Gebet und durch wiederholtes Aufsuchen von Wallfahrtsorten, dem Übel abzuhelfen.

Bevor ihr aber all dies auf euch nehmt, bevor ihr also ins Leben geht, um dort den euch zugewiesenen Platz einzunehmen und die euch bestimmten Aufgaben zu erfüllen, sollt ihr noch mehrmals und gut erwägen, daß euch auch ein anderer Weg offensteht. Es ist dies der Weg, den der Apostel Paulus den besseren geheißen hat und der auch der gottwohlgefälligere sein muß. Wählt ihr ihn, so wählt ihr einen Stand, der nicht nur den Vorteil hat, euch schon zu Lebzeiten in Seine unmittelbare Nähe zu bringen, sondern von euch auch die obengenannten Sorgen und Nöte fernzuhalten. Es wird euch durch ihn die Möglichkeit gegeben, euer Leben in Arbeit und Andacht, als unmittelbare Vorbereitung auf ein höheres und besseres Leben, in dem ihr ewigen Lohn für zeitliche Unbillen erhalten werdet, hinzubringen.

ULLA HAHN

Der Himmel

Der Himmel liegt seit heute Nacht
in einem Ellenbogen
darein hatt' ich gesmôgen
das kin und ein mîn wange
viel lange Zeit.

Der Himmel ist einsachtzig groß
und hat die blauen Augen
zum Frühstück aufgeschlagen
all so ist auch sein Magen
von dieser Welt.

SARAH KIRSCH

Ich bin sehr sanft

Ich bin sehr sanft nenn
mich Kamille
meine Finger sind zärtlich baun
Kirchen in deiner Hand meine Nägel
Flügelschuppen von Engeln liebkosen ich bin
der Sommer der Herbst selbst der Winter im Frühling
möchte ich bei dir sein du
zeigst mir das Land wir gehn
von See zu See da braucht es
ein langes glückliches Leben
die Fische sind zwei
die Vögel baun Nester wir
stehn auf demselben Blatt

ROBERT MUSIL

An ein unbekanntes Fräulein

Unbekanntes kleines Fräulein!

Weil ich Sie nicht kenne, schreibe ich Ihnen durch die Zeitung. Ja, indem ich mir die Umstände unserer Begegnung überlege, wird mir klar, daß ich an jemand schreibe, den es gar nicht mehr gibt oder doch nur in höchst schattenhafter Weise. Jene Begegnung vollzog sich aber unter sehr alltäglichen Umständen. Sie stiegen in einen Wagen der Straßenbahn ein, worin ich saß. Ich vermute, daß Sie mich unter den wenigen Fahrgästen bemerkt haben werden, denn Sie trugen ein ungemein gehaltenes Wesen zur Schau, ganz kleine Dame, die es fühlt, daß man sie betrachtet. In Ihrer Gesellschaft befand sich ein Herr meines eigenen Alters, der mir auch gefiel; er konnte ein viel älterer Bruder sein, aber wenn er Ihr Vater gewesen sein sollte, so erwies er sich Ihnen in einer jugendlichen Weise gleichgestellt und gar nicht herrisch, und ich möchte vermuten, daß Sie seinen Gedanken in einer ähnlichen Weise schmeichelten wie den meinen. Ich schätze, daß Sie damals höchstens vierzehn Jahre alt waren. Sie trugen ein straßenfarbenes Samtkleid, das in der Mitte eng anlag, so daß der etwas schwere und doch bildsame Stoff darüber und darunter die Reife der weiblichen Erscheinung vortäuschte, ohne daß doch der Figur das Kindhafte genommen worden wäre. Mir war sogleich der Name »Kind-Frau« eingefallen, als ich Sie ansah. Ihr Samtkleid hatte an den engen Ärmeln Stulpen aus Pelz und war auch unten mit Pelz verbrämt, wo es einen weiten Radsaum bildete; und es gemahnte ein wenig an ein Nationalkostüm oder an ein Eislaufkostüm, aber es war wahrscheinlich überhaupt kein Kleid, sondern ein Mantel: Sie selbst werden das gewiß heute noch wissen und sich gern daran erinnern, ich aber kann zu meiner Entschuldigung nur anführen, daß Bewunderung eben immer viel genauer

beobachtet als Selbstbewunderung, die sachlich vor dem Spiegel auf die Einzelheiten eingeht und sie prüft.
Vielleicht ist diese Ausrede falsch, aber jedenfalls gibt sie zu, daß meine Bewunderung unsachlich und in einem nicht ganz einwandfreien Sinne romantisch war, was auch ganz natürlich ist, denn die Möglichkeit, mich in Sie zu verlieben, lag ja gerade darin, daß ich nicht im vollen Bewußtsein der Wirklichkeit handelte, die mir das nicht erlaubt hätte. Lassen Sie uns das gute, alte Wort Traum dafür gebrauchen: dort begegnet man einem Menschen, erkennt, wer er ist, und weiß, daß er ein anderer ist; in ähnlicher Weise, tief im Bergwerk, über dem wir uns sonst bewegen, blieben Sie für mich ein Kind und waren doch eine in den Maßen verkleinerte Frau – zehn Minuten lang, ehe Sie ausstiegen und mir verlorengingen, ohne daß ich mich dagegen wehrte. Die Art, wie Sie eintraten, sich setzten und dem Schaffner ein wenig nachlässig das Geld reichten (denn Sie taten das, und nicht Ihr Begleiter), war ohne jede Spur jener Affektation, mit der ein Kind so etwas tut; und die Züge Ihres Gesichts, das ich mit seinem dunklen Rot, den starken Brauen, den vollen Lippen und der ein wenig aufgebogenen Nase noch vor mir sehe, waren zwar Ihren Jahren voraus, aber trotzdem bildeten sie nicht etwa nur das verkleinerte Gesicht einer erwachsenen Frau. Es fällt mir dabei ein, daß man Ihre Erscheinung auch ganz und gar nicht mit einer »Knospe« vergleichen durfte, denn die Form einer solchen ist zwar jugendlich, aber hart und entschieden, und der Liebreiz Ihrer verfrüht aufgeblühten Kindhaftigkeit glich eher einer Blume ohne Wurzel, ja, ohne Stiel.
Mehr habe ich Ihnen eigentlich nicht zu sagen. Und ich habe weder eine Moral noch eine Unmoral daraus abzuleiten: offenbar lag unsere Begegnung zwischen diesen beiden Möglichkeiten, und es sind ja auch schon über zehn Jahre seither ohne Folgen vergangen. Zuweilen erinnern Sie mich daran, daß es allerhand Geschichten von Frauen gibt, die eine geheimnisvolle Herkunft aus Baumästen, Quellen oder Retorten hatten, Frauen, die nicht ganz Frau waren und mit diesem

Nicht-Ganz die Männer bis zum Märchenerfinden reizten. Es ist das offenbar eine Phantasie, die der Mannsperson aus vielerlei Gründen ans Herz geht. Und anderseits frage ich mich, was wohl Sie noch von dem kleinen Mädchen wissen mögen, das es nicht erwarten wollte, Sie zu werden, und sicher jetzt ein wenig davon enttäuscht ist.

FRIEDRICH HEBBEL

Ich und du

Wir träumten voneinander
Und sind davon erwacht,
Wir leben, um uns zu lieben,
Und sinken zurück in die Nacht.

Du tratst aus meinem Traume,
Aus deinem trat ich hervor,
Wir sterben, wenn sich eines
Im andern ganz verlor.

Auf einer Lilie zittern
Zwei Tropfen, rein und rund,
Zerfließen in eins und rollen
Hinab in des Kelches Grund.

HUGO VON HOFMANNSTHAL

Die Beiden

Sie trug den Becher in der Hand,
– Ihr Kinn und Mund glich seinem Rand. –
So leicht und sicher war ihr Gang,
Kein Tropfen aus dem Becher sprang.

So leicht und fest war seine Hand:
Er ritt auf einem jungen Pferde,
Und mit nachlässiger Gebärde
Erzwang er, daß es zitternd stand.

Jedoch, wenn er aus ihrer Hand
Den leichten Becher nehmen sollte,
So war es beiden allzu schwer:
Denn beide bebten sie so sehr,
Daß keine Hand die andre fand
Und dunkler Wein am Boden rollte.

RAINER MARIA RILKE

Ihr Mädchen seid wie die Gärten

Ihr Mädchen seid wie die Gärten
am Abend im April:
Frühling auf vielen Fährten,
aber noch nirgends ein Ziel.

PETER ALTENBERG

Wenn ein Dichter eine schöne Frau kennenlernt

Wenn ein Dichter eine schöne Frau kennenlernt und ihr den Hof macht, so sagt sie später: »Ach, diese Art Leute lernt man erst recht schätzen, wenn man sie mal persönlich kennengelernt hat!«
Wenn ein Dichter eine schöne Frau kennenlernt und ihr *nicht* den Hof macht, so sagt sie später: »Es ist eine alte Geschichte, solche Leute, mögen sie noch so interessant sein, soll man doch *nie* persönlich kennenlernen!«

Lieben

GEORG TRAKL

Heiterer Frühling

Dich lieb ich treu du derbe Wäscherin.
Noch trägt die Flut des Himmels goldene Last.
Ein Fischlein blitzt vorüber und verblaßt;
Ein wächsern Antlitz fließt durch Erlen hin.

In Gärten sinken Glocken lang und leis
Ein kleiner Vogel trällert wie verrückt.
Das sanfte Korn schwillt leise und verzückt
Und Bienen sammeln noch mit ernstem Fleiß.

Komm Liebe nun zum müden Arbeitsmann!
In seine Hütte fällt ein lauer Strahl.
Der Wald strömt durch den Abend herb und fahl
Und Knospen knistern heiter dann und wann.

HEINRICH HEINE

Du bist wie eine Blume

Du bist wie eine Blume
So hold und schön und rein;
Ich schau dich an, und Wehmut
Schleicht mir ins Herz hinein.

Mir ist, als ob ich die Hände
Aufs Haupt dir legen sollt,
Betend, daß Gott dich erhalte
So rein und schön und hold.

KURT SCHWITTERS

An Anna Blume

O du, Geliebte meiner 27 Sinne, ich liebe Dir!
Du, Deiner, Dich Dir, ich Dir, Du mir, – – – – wir?
Das gehört beiläufig nicht hierher!

Wer bist du, ungezähltes Frauenzimmer, Du bist, bist Du?
Die Leute sagen, Du wärest.
Laß sie sagen, sie wissen nicht, wie der Kirchturm steht.

Du trägst den Hut auf Deinen Füßen und
wanderst auf die Hände,
Auf den Händen wanderst Du.

Halloh, Deine roten Kleider, in weiße Falten zersägt,
Rot liebe ich Anna Blume, rot liebe ich Dir.
Du, Deiner, Dich Dir, ich Dir, Du mir, – – – – – wir?

Das gehört beiläufig in die kalte Glut!
Anna Blume, rote Anna Blume, wie sagen die Leute?

Preisfrage:

1.) Anna Blume hat ein Vogel,
2.) Anna Blume ist rot.
3.) Welche Farbe hat der Vogel.

Blau ist die Farbe Deines gelben Haares,
Rot ist die Farbe Deines grünen Vogels.
Du schlichtes Mädchen im Alltagskleid,
Du liebes grünes Tier, ich liebe Dir!
Du Deiner Dich Dir, ich Dir, Du mir, – – – – wir!
Das gehört beiläufig in die – – – Glutenkiste.

Anna Blume! Anna, a-n-n-a, ich träufle deinen
Namen. Dein Name tropft wie weiches Rindertalg.
Weißt du es, Anna, weißt du es schon?
Man kann dich auch von hinten lesen, und du, du
Herrlichste von allen, du bist von hinten wie von
vorne: »a-n-n-a.«
Rindertalg träufelt streicheln über meinen Rücken.
Anna Blume, du tropfes Tier, ich liebe dir!

BERT BRECHT

Erinnerung an die Marie A.

1

An jenem Tag im blauen Mond September
Still unter einem jungen Pflaumenbaum
Da hielt ich sie, die stille bleiche Liebe
In meinem Arm wie einen holden Traum.
Und über uns im schönen Sommerhimmel
War eine Wolke, die ich lange sah.
Sie war sehr weiß und ungeheuer oben
Und als ich aufsah, war sie nimmer da.

2

Seit jenem Tag sind viele, viele Monde
Geschwommen still hinunter und vorbei.
Die Pflaumenbäume sind wohl abgehauen
Und fragst du mich, was mit der Liebe sei?
So sag ich dir: Ich kann mich nicht erinnern
Und doch, gewiß, ich weiß schon, was du meinst.
Doch ihr Gesicht, das weiß ich wirklich nimmer
Ich weiß nur mehr: ich küßte es dereinst.

3

Und auch den Kuß, ich hätt ihn längst vergessen
Wenn nicht die Wolke dagewesen wär.
Die weiß ich noch und werd ich immer wissen
Sie war sehr weiß und kam von oben her.
Die Pflaumenbäume blühn vielleicht noch immer
Und jene Frau hat jetzt vielleicht das siebte Kind
Doch jene Wolke blühte nur Minuten
Und als ich aufsah, schwand sie schon im Wind.

KONSTANTIN WECKER

Noch ne Erinnerung an Marie A.

Wir trafen uns in einem Regenbogen,
der Regen war schon lange fortgezogen,
nur noch des Bogens Bogen spannte sich
uns übers Haupt und glänzte fürchterlich.

Du warst im Blau und ich im Rot gesessen,
wir haben fast die Welt um uns vergessen,
da drücktest du dir einen Pickel aus,
der war sehr weiß und sah sehr picklig aus.

Ich will dagegen allgemein nichts sagen,
denn jeder kann mal einen Pickel haben.
Jedoch zur Zeit der höchsten Weltentrückung
verschafft derselbe kaum Verzückung.

Du pickeltest, nun gut, ich sah zu Boden,
der Regenbogen hat sich schon verzogen,
kaum war noch Blau, kaum war noch Rot zu sehn:
Nur noch der Pickel war sehr weiß und blieb bestehn!

FRIEDRICH HÖLDERLIN

Die Liebe

Wenn ihr Freunde vergeßt, wenn ihr die Euern all,
O ihr Dankbaren, sie, euere Dichter schmäht,
Gott vergeb es, doch ehret
Nur die Seele der Liebenden.

Denn o saget, wo lebt menschliches Leben sonst,
Da die knechtische jetzt alles, die Sorge, zwingt?
Darum wandelt der Gott auch
Sorglos über dem Haupt uns längst.

Doch, wie immer das Jahr kalt und gesanglos ist
Zur beschiedenen Zeit, aber aus weißem Feld
Grüne Halme doch sprossen,
Oft ein einsamer Vogel singt,

Wenn sich mählich der Wald dehnet, der Strom sich regt,
Schon die mildere Luft leise von Mittag weht
Zur erlesenen Stunde,
So ein Zeichen der schönen Zeit,

Die wir glauben, erwächst einziggenügsam noch,
Einzig edel und fromm über dem ehernen,
Wilden Boden die Liebe,
Gottes Tochter, von ihm allein.

Sei gesegnet, o sei, himmlische Pflanze, mir
Mit Gesange gepflegt, wenn des ätherischen
Nektars Kräfte dich nähren,
Und der schöpfrische Strahl dich reift.

Wachs und werde zum Wald! eine beseeltere,
Vollentblühte Welt! Sprache der Liebenden
Sei die Sprache des Landes,
Ihre Seele der Laut des Volks!

PETER HANDKE

Das Gedicht von der Dauer ist ein Liebesgedicht

Das Gedicht von der Dauer ist ein Liebesgedicht.
Es handelt von einer Liebe auf den ersten Blick,
welchem noch zahlreiche solcher ersten Blicke nachfolgten.
Und diese Liebe,
sie hat die Dauer in keinem Akt,
vielmehr in einem Vorher und Nachher,
wo, durch den anderen Zeitsinn des Liebens,
das Vorher auch Nachher
und das Nachher auch Vorher war.
Wir hatten uns schon vereinigt,
bevor wir uns vereinigt hatten,
vereinigten uns weiter,
nachdem wir uns vereinigt hatten,
und lagen so jahrelang,
Hüfte an Hüfte, Atem in Atem,
nebeneinander.
Deine braunen Haare färbten sich rot
und erblondeten.
Deine Narben vermehrten sich
und wurden dann unauffindbar.
Deine Stimme zitterte,
wurde fest, flüsterte, bebte,
geriet in einen Singsang,
war der einzige Laut in der weltweiten Nacht,
schwieg, mir zur Seite.

Deine glatten Haare kräuselten sich,
deine hellen Augen dunkelten,
deine großen Zähne wurden klein,
die gespannte Haut deiner Lippen
bekam ein feines weichgezeichnetes Muster,
an deinem immerglatten Kinn
ertastete ich eine niedagewesene Grube,
und unsere Körper, statt dem anderen wehzutun,
fügten sich spielend in eins,
während sich an der Zimmerwand,
im Laternenlicht von der Straße her,
die Schatten der Gartenbüsche Europas bewegten,
die Schatten der Bäume Amerikas,
die Schatten der Nachtvögel von überall.

STEFAN GEORGE

Wir schreiten auf und ab im reichen flitter

Wir schreiten auf und ab im reichen flitter
Des buchenganges beinah bis zum tore
Und sehen aussen in dem feld vom gitter
Den mandelbaum zum zweitenmal im flore.

Wir suchen nach den schattenfreien bänken
Dort wo uns niemals fremde stimmen scheuchten.
In träumen unsre arme sich verschränken.
Wir laben uns am langen milden leuchten

Wir fühlen dankbar wie zu leisem brausen
Von wipfeln strahlenspuren auf uns tropfen
Und blicken nur und horchen wenn in pausen
Die reifen früchte an den boden klopfen.

NIKOLAUS LENAU

An die Entfernte

Diese Rose pflück' ich hier,
In der fremden Ferne;
Liebes Mädchen, dir, ach dir
Brächt' ich sie so gerne!

Doch bis ich zu dir mag ziehn
Viele weite Meilen,
Ist die Rose längst dahin,
Denn die Rosen eilen.

Nie soll weiter sich ins Land
Lieb' von Liebe wagen,
Als sich blühend in der Hand
Läßt die Rose tragen;

Oder eine Nachtigall
Halme bringt zum Neste,
Oder als ihr süßer Schall
Wandert mit dem Weste.

JOSEF WEINHEBER

Die Trauung

Der junge Linke hatte von acht bis neun rubriziert wie gewöhnlich. Jetzt stand er auf, zog seinen speckigen, zerfetzten Bürorock aus und fuhr in das dunkle neue Sakko, das er im Amtskasten hängen hatte. Er richtete sich die Krawatte und zupfte die Rockaufschläge stramm. Die beiden alten Registratoren beim Fenster sahen durch ihren Pfeifenqualm neugierig herüber. Sie erwarteten eine Erklärung.
Aber Linke sagte nichts. Er sah nur noch einmal nach der Uhr, dann verließ er das Zimmer.
Quer gegenüber lag das Büro des Chefs. Linke klopfte, ging hinein, machte seine Verbeugung und sagte: »Herr Oberrat, ich bitte um zwei Stunden frei. Ich heirate heute.«
Die Schädelplatte des Chefs blitzte, so jäh hob er den Kopf von den Akten. »Heiraten? Ja – so mir nichts dir nichts – heiraten? Selbstverständlich, frei, und brauchen natürlich nicht mehr hereinzukommen.«
Linke verbeugte sich. »Danke.«
Es war kein Wunder, wenn es den Chef überrascht hatte: Kein Mensch im Haus hatte von den Eheabsichten des jungen Mannes etwas gewußt. Und um es nur gleich zu sagen: Linke selbst wußte es erst seit Samstag. Und heute war Mittwoch...
Wieso? Nun, am Samstag, im Kaffeehaus, hatte Therese ihn mit der Mitteilung überrumpelt.
Mit Therese hatte es schon zwei Jahre oder länger gedauert, und Linke war, wie das so geht, nach und nach im Temperament erlahmt. Ja, er mußte sich eingestehen, daß er das Mädchen durchaus nicht liebe. Er hatte das Therese wohl auch mit hundert kleinen Zeichen gezeigt. Und er wartete nur auf eine Gelegenheit zu einem anständigen Abgang.
Da geschah das Malheur...
Die Folgen ließen sich zwar beseitigen, aber als Therese vom

Bett aufgestanden war, sagte sie zu Linke: »Jetzt will ich aber, daß du mich heiratest.«

Der Wunsch war begreiflich. Die ausgestandene Angst, die Furcht vor Schande, kurz...

Linke sah bestürzt in Thereses noch etwas krankenblasses Gesicht, zog die Schultern hoch, ließ die Arme wie ein flügellahmer Vogel an den Körper klatschen und sagte: »Da kann man nichts machen.«

Therese wartete nicht. Man hatte zwar keine Wohnung, keine Möbel, kein Geld; aber sie wollte gegen Überraschungen künftig gedeckt sein. Sie verlangte die notwendigen Dokumente von Linke, machte die erforderlichen Schritte und konnte ihn am Samstag mit der Tatsache überraschen: »Du, also am Mittwoch heiraten wir.«

Es war eine rechte Hals-über-Kopf-Heiraterei. Das war richtig. Aber Linke war es um Feierlichkeiten nicht zu tun. Das alles war so... so...

Um halb zehn mußte er beim Rathaus sein. Die Trauung war für zehn Uhr angesetzt. Bloß eine Ziviltrauung.

Er ging quer durch die Stadt. Bevor er auf das Rathaus zuging, zündete er sich eine Zigarette an und rauchte sie, im Park auf und ab gehend, schnell zu Ende.

Vor dem Tor stand bereits Therese mit den Zeugen. Zwei Herren ihrer Bekanntschaft, die er heute zum erstenmal sah: Ein Buchhalter aus Thereses Geschäft und ein Advokatursschreiber, der der Freund ihres Bruders war.

Wortkarg und betreten ging man die Treppe hinan, über Korridore, an Türen vorbei.

»Da ist es«, sagte Therese.

Ein Magistratsdiener empfing sie. Die Braut kramte aus ihrer Handtasche den Betrag für die Stempel hervor. Der Magistratsdiener gab allen vieren halblaut Verhaltungsmaßregeln. Sie mußten noch warten. Linke hatte sich zu einem der offenen Fenster gestellt und blickte hinab auf die Straße. Therese kam zu ihm her, sah ihn flehend an. Sein Gesicht war ganz ohne Ausdruck.

Dann wurden sie in ein Zimmer geschoben, das mit seiner Tapete irgendwie an die sakrale Ornamentik der Kirchenwände erinnerte. Aus einer anderen Türe kamen zwei Herren in Schwarz. Man stellte sich um den Schreibtisch auf, hinter dem ihrerseits die beiden Herren vom Magistrat Aufstellung genommen hatten. Ein paar Paragraphen des Bürgerlichen Gesetzbuches schwirrten durch die Luft, sie mußten ein paar Gelobungsformeln nachsprechen; ein Ring – die Ringe hatte Therese mitgebracht – wurde dem Bräutigam an den Finger geschoben, ein Federstiel ihm in die Hand gedrückt. Er unterschrieb ein Protokoll, dann unterschrieb Therese, jetzt kamen die Zeugen daran, und schließlich unterschrieben auch die beiden Herren. Sodann wurden Hände geschüttelt, und die beiden Herren sowie die Zeugen gratulierten zum vollzogenen Bund. Das alles glitt wie laues Wasser über Linke hinweg.

Man mußte noch ein Weilchen warten, bis die Ehescheine ausgestellt waren. Mittlerweile empfahlen sich die beiden Zeugen, die schon von einem Fuß auf den anderen traten, rasch und verlegen von dem jungen Paare.

Die Neuvermählten gingen miteinander bis hinab ans Tor. Dort blieb der Mann zuerst stehen. Er sagte: »Jetzt hast du deinen Willen.«

»Ja«, sagte Therese beklommen.

»Jetzt sind wir quitt.«

»Ich weiß«, sagte die Frau, und Tränen traten ihr in die Augen. »Was soll jetzt sein?«

»Ich gehe nach Hause«, sagte der Mann.

Die Frau sah ihm bittend in die Augen. Die Augen waren leer. Kalt. Da sagte sie leise: »Ich – auch. Leb wohl.«

Aber er gab ihr nicht die Hand. Er wendete sich auf dem Absatz um und begann zu gehen. Als er schon an die zweihundert Schritt gegangen war, blieb er stehen, um zurückzusehen. Jedoch bezwang er sich im letzten Augenblick und ging, ohne sich umzuwenden, weiter.

Als er über die Kanalbrücke kam, die zu seinem Bezirk

führte, begegnete ihm ein Bekannter, und er grüßte. Dabei blitzte der Ring an seiner Hand.
Linke erschrak. Er hatte vergessen, den Ring zurückzugeben. Eine Weile stand er mit gefalteter Stirn und zusammengepreßtem Mund am Brückengeländer. Plötzlich streifte er mit hastigem Griff den Ring vom Finger und schleuderte ihn mit weitem Wurf hinab in das Wasser.
Es war ihm nicht bang dabei. Denn er wußte, daß er Therese nie wieder sehen würde.

PETER ROSEI

Liebe

Ich schlief mit der Frau, und in ihrer Umarmung war es mir, als bräche ich durch Weidengeflecht oder, von einem haushohen Turm stürzend, durch eine Matte aus Schilfrohr; die Rohre mit Zinkdraht verbunden.
Eine Uhr mit orangerotem Gehäuse stand auf dem Bord, die Orange des Hieronymus Bosch: Wir sind uns schon fremd, wenn wir über die eigene Schulter schauen.
Ein blaues Lüftchen fuhr durch das Zimmer, küßte uns Rücken und Beine. Ich vermeinte ein Knistern zu hören, als würden im Hof draußen Zweige und altes Laub verbrannt.
Innen sind die Austern ganz weich, sagte die Frau.

FRIEDRICH NIETZSCHE

Von alten und jungen Weiblein

»Was schleichst du so scheu durch die Dämmerung, Zarathustra? Und was birgst du behutsam unter deinem Mantel? Ist es ein Schatz, der dir geschenkt? Oder ein Kind, das dir geboren wurde? Oder gehst du jetzt selber auf den Wegen der Diebe, du Freund der Bösen?« –

Wahrlich, mein Bruder! sprach Zarathustra, es ist ein Schatz, der mir geschenkt wurde: eine kleine Wahrheit ist's, die ich trage.

Aber sie ist ungebärdig wie ein junges Kind; und wenn ich ihr nicht den Mund halte, so schreit sie überlaut.

Als ich heute allein meines Weges ging, zur Stunde, wo die Sonne sinkt, begegnete mir ein altes Weiblein und redete also zu meiner Seele:

»Vieles sprach Zarathustra auch zu uns Weibern, doch nie sprach er zu uns über das Weib.«

Und ich entgegnete ihr: »Über das Weib soll man nur zu Männern reden.«

»Rede auch zu mir vom Weibe«, sprach sie; »ich bin alt genug, um es gleich wieder zu vergessen.«

Und ich willfahrte dem alten Weiblein und sprach also zu ihm:

Alles am Weibe ist ein Rätsel, und alles am Weibe hat *eine* Lösung: sie heißt Schwangerschaft.

Der Mann ist für das Weib ein Mittel: der Zweck ist immer das Kind. Aber was ist das Weib für den Mann?

Zweierlei will der echte Mann: Gefahr und Spiel. Deshalb will er das Weib, als das gefährlichste Spielzeug.

Der Mann soll zum Kriege erzogen werden und das Weib zur Erholung des Kriegers: alles andre ist Torheit.

Allzusüße Früchte – die mag der Krieger nicht. Darum mag er das Weib; bitter ist auch noch das süßeste Weib.

Besser als ein Mann versteht das Weib die Kinder, aber der Mann ist kindlicher als das Weib.
Im echten Manne ist ein Kind versteckt: das will spielen. Auf, ihr Frauen, so entdeckt mir doch das Kind im Manne!
Ein Spielzeug sei das Weib, rein und fein, dem Edelsteine gleich, bestrahlt von den Tugenden einer Welt, welche noch nicht da ist.
Der Strahl eines Sternes glänze in eurer Liebe! Eure Hoffnung heiße: »Möge ich den Übermenschen gebären!«
In eurer Liebe sei Tapferkeit! Mit eurer Liebe sollt ihr auf den losgehn, der euch Furcht einflößt.
In eurer Liebe sei eure Ehre! Wenig versteht sich sonst das Weib auf Ehre. Aber dies sei eure Ehre, immer mehr zu lieben, als ihr geliebt werdet, und nie die zweiten zu sein.
Der Mann fürchte sich vor dem Weibe, wenn es liebt: da bringt es jedes Opfer, und jedes andre Ding gilt ihm ohne Wert.
Der Mann fürchte sich vor dem Weibe, wenn es haßt: denn der Mann ist im Grunde der Seele nur böse, das Weib aber ist dort schlecht.
Wen haßt das Weib am meisten? – Also sprach das Eisen zum Magneten: »Ich hasse dich am meisten, weil du anziehst, aber nicht stark genug bist, an dich zu ziehen.«
Das Glück des Mannes heißt: ich will. Das Glück des Weibes heißt: er will.
»Siehe, jetzt eben ward die Welt vollkommen!« – also denkt ein jedes Weib, wenn es aus ganzer Liebe gehorcht.
Und gehorchen muß das Weib und eine Tiefe finden zu seiner Oberfläche. Oberfläche ist des Weibes Gemüt, eine bewegliche stürmische Haut auf einem seichten Gewässer.
Des Mannes Gemüt aber ist tief, sein Strom rauscht in unterirdischen Höhlen: das Weib ahnt seine Kraft, aber begreift sie nicht. –
Da entgegnete mir das alte Weiblein:
»Vieles Artige sagte Zarathustra und sonderlich für die, welche jung genug dazu sind.

Seltsam ist's, Zarathustra kennt wenig die Weiber, und doch hat er über sie recht! Geschieht dies deshalb, weil beim Weibe kein Ding unmöglich ist?
Und nun nimm zum Danke eine kleine Wahrheit! Bin ich doch alt genug für sie!
Wickle sie ein und halte ihr den Mund: sonst schreit sie überlaut, diese kleine Wahrheit.«
»Gib mir, Weib, deine kleine Wahrheit!« sagte ich. Und also sprach das alte Weiblein:
»Du gehst zu Frauen? Vergiß die Peitsche nicht!« –

Also sprach Zarathustra.

THEODOR STORM

Vierzeiler

1

Du weißt doch, was ein Kuß bekennt?
Sonst hör du auf zu küssen!
Ich dächt, er sei ein Sakrament,
Das alle Völker wissen.

2

Und weißt du, warum so trübe,
So schwer mir das Herz muß sein?
Du hast mich geküßt ohne Liebe,
Das wolle dir Gott verzeihn!

PAUL FLEMING

Wie Er wolle geküsset seyn

Nirgends hin / als auff den Mund /
da sinckts in deß Hertzen grund.
Nicht zu frey / nicht zu gezwungen /
nicht mit gar zu fauler Zungen.

Nicht zu wenig nicht zu viel.
Beydes wird sonst Kinder-spiel.
Nicht zu laut / und nicht zu leise /
Bey der Maß' ist rechte weise.

Nicht zu nahe / nicht zu weit.
Diß macht Kummer / jenes Leid.
Nicht zu trucken / nicht zu feuchte /
wie Adonis Venus reichte.

Nicht zu harte / nicht zu weich.
Bald zugleich / bald nicht zugleich.
Nicht zu langsam / nicht zu schnelle.
Nicht ohn Unterscheid der Stelle.

Halb gebissen / halb gehaucht.
Halb die Lippen eingetaucht.
Nicht ohn Unterscheid der Zeiten.
Mehr alleine / denn bey Leuten.

Küsse nun ein Jedermann
wie er weiß / will / soll und kan.
Ich nur / und die Liebste wissen /
wie wir uns recht sollen küssen.

CHRISTIAN HOFMANN VON HOFMANNSWALDAU

Auf den Mund

Mund! der die Seelen kann durch Lust zusammen hetzen.
Mund! der viel süßer ist als starker Himmelswein,
Mund! der du Alikant des Lebens schenkest ein,
Mund! den ich vorziehn muß der Juden reichen Schätzen.
Mund! dessen Balsam uns kann stärken und verletzen.
Mund! der vergnügter blüht als aller Rosen Schein,
Mund! welchem kein Rubin kann gleich und ähnlich sein,
Mund! den die Grazien mit ihren Quellen netzen:
Mund! ach, Korallenmund, mein einziges Ergetzen,
Mund! laß mich einen Kuß auf deinen Purpur setzen!

FRANZ GRILLPARZER

Kuß

Auf die Hände küßt die Achtung,
Freundschaft auf die offne Stirne,
Auf die Wange Wohlgefallen,
Selge Liebe auf den Mund;
Aufs geschloßne Aug die Sehnsucht,
In die hohle Hand Verlangen,
Arm und Nacken die Begierde,
Überall sonst hin Raserei.

JOACHIM RINGELNATZ

Ich habe dich so lieb

Ich habe dich so lieb!
Ich würde dir ohne Bedenken
Eine Kachel aus meinem Ofen
Schenken.

Ich habe dir nichts getan.
Nun ist mir traurig zumut.
An den Hängen der Eisenbahn
Leuchtet der Ginster so gut.

Vorbei – verjährt –
Doch nimmer vergessen.
Ich reise.
Alles, was lange währt,
Ist leise.

Die Zeit entstellt
Alle Lebewesen.
Ein Hund bellt.
Er kann nicht lesen.
Er kann nicht schreiben.
Wir können nicht bleiben.

Ich lache.
Die Löcher sind die Hauptsache
An einem Sieb.

Ich habe dich so lieb.

PETER HANDKE

Zur Liebe

Der Liebesblick ist auch genau, und träumerisch, und der andere fühlt sich nie beobachtet, nicht einmal angeschaut

Ich sah die unheilbare Einsamkeit des Geliebten; als sei Liebe das Mitgefühl mit des anderen unheilbarer Einsamkeit

Selbstverständlich möchte ich, daß das, was ich schreibe, geliebt wird. Oder besser: Mit dem, was ich schreibe, möchte ich die Liebe ermöglichen

Von Liebe *umspielt* (Ideal)

Liebe: Schönauge (welches Auge auch immer). Ja, die Liebe ist ein Fest der Augen

Sobald die Liebe zu etwas zuvor bloß Bekanntem einsetzt, ist dieses Bekannte völlig ausgelöscht – ich weiß nicht mehr, was mir an dem jetzt Geliebten zuvor bekannt gewesen ist

Gerade wurde mir ganz klar (es war doch eine Erkenntnis), daß in der Liebe, für die Liebe, zwei allein nicht genügen: ich brauche, immer wieder, einen Dritten, an den ich mich wenden könnte, zur Beruhigung, zur Bestärkung, zur Festigung, zur Neuerweckung, zur Danksagung – zur *Ergänzung*; und dieser Dritte, den ich benötige in meiner Liebe, den ich mitdenken möchte in meiner Liebe, der für die jeweilige Wendung in mir sorgt, kommt nur mit dem Namen »Gott« in den Sinn (und: die bloße Wendung an den Dritten *ist* dann schon die Ergänzung)

Frauen, ihr Worteverdreher! (Und doch fällt mein Blick fast nur auf die Frauen, als die eigentlichen Menschen: es genügt, eine Stunde in der Straße einer Weltstadt zu gehen und all die hoheitsvollen, durchtriebenen, unschuldigen, verworfenen, verdrossenen, frechen, feindseligen, roßtäuscherischen, undurchdringlichen, unberührbaren Frauengesichter zu sehen, und ein gewisser Glaube an die Menschheit wird wieder lebendig)

Mein Haß ist absolut; meine Liebe ist relativ. Also kann ich nur (und will ich nur) von meiner Liebe schreiben. (Und: meinen Haß kann ich niemandem klagen, von meiner Liebe aber zu allen reden)

Du beschimpfst mich ohne Unterlaß und wirst gleich um Liebe betteln

Der *sphairos* ist, nach Empedokles, jener nur einen Moment dauernde Zustand, in welchem dank der völligen Übermacht der Liebe sämtliche Urteilchen der Elemente unterschiedslos zu einer Kugel zusammengeballt sind – und das Gegenstück dieser vollkommenen Kugel der Liebe ist die *akosmia*

Liebe: Bild *und* der besondere Gegenstand; Haß: Bild *ohne* den besonderen Gegenstand

Der erste Blick für die Liebe Bestimmter müßte humorvoll sein; und dieser Humor des ersten Blicks müßte dann immer fortwirken. »Wir spielen ein altes Spiel!« Sie beide, zur Liebe fähig und auf Liebe aus, erkennen einander durch Humor

Sie hatte ihren Mann in meiner Gesellschaft – wenn sie überhaupt zu ihm sprach – nur schroff-verächtlich zurechtgewiesen. Aber an einem kurzen heimlichen Blick von ihr hin zu ihm merkte ich dann auf einmal, daß es ganz und gar »Liebe war«

Wenn die Liebe zu einer Frau eintritt, tritt die Welt in ihr Recht (habe ich je einen ernstzunehmenden Zölibatären gesehen?)

Die Folgenlosigkeit des »Geschlechtsverkehrs«: als sollte man doch jedesmal ein Kind zeugen, und als sei eine Vereinigung nur so statthaft

Als hätte ich den anderen nur dann wirklich lieb, wenn ich es ihm auch gesagt habe

In der Kathedrale küßten sich zwei, noch fast Kinder, im Knien lange, lösten sich dann voneinander und beteten

Mißmut der Liebe: als schwinge in der Liebe auch immer ein Moment Lebensüberdruß mit. Der andere lebt auf, doch der Liebende selbst empfindet sich dabei als ein sich von allem Lebendigen Entfernender. Als sei das Welt-Gefühl »Liebe« (es ist kein Ich-Gefühl) etwas, das ihn zurückdrängte hinter eine Lebendigkeitsgrenze, und er wäre nur noch Zuschauer, ganz Auge: ach, rotes Kleid, das da hinter den Laubhaufen verschwindet, hinter den Steinen

Unfähig zur Liebe, dachte er nur noch an die Liebe. (Eine Liebes-*Erklärung* war Unsinn, die Liebe mußte ein Sprech-*Ereignis* sein.) Dann kam die Liebe, als plastisches Gefühl: Vorstellung des Geliebten als eines Kunstgegenstands. Und nun ergriff ihn wieder die Unerhörtheit des anderen und erlöste ihn zur Wehrlosigkeit. Liebe! Und das große Haus war voll

Nie sagen: »Ein Paar« (»Ein Liebespaar keucht«, las ich gerade) – : es gibt immer nur den einen und den anderen

Meine Liebesvorstellung: jemanden aufzuheben (nicht: zu tragen)

In den Augenblicken der Liebe spannte sich die Welt, und die »Falten des Herzens« klebten nicht mehr aneinander; endlich geschah ein Wärmeschwirren aller Weltteilchen (und es war auch ein begeistertes Gefühl von »Endlich!«)

Der vollkommenste Augenblick des Tages ist der, mit dem sich die unbändige Sehnsucht nach dem Liebesdienst einstellt, das Bedürfnis, »ewig entgegenzugehen«

In der Liebe fühlte ich die Brust als ein gespanntes Instrument, aus einem anderen, härteren Stoff als dem tatsächlichen, eisenartig

Die Liebe wird zurückkommen, und wenn sie nicht zurückkommt, werde ich sterben

Sich zur Liebe vorbereitend, machte er sich vor allem darauf gefaßt, daß es dem anderen gar nicht um Liebe zu tun wäre. So gewann er zugleich die nötige Sachlichkeit und war damit zur Liebe bereit

Nachdem sie gemeinsam das Kunstwerk erlebt hatten, sprachen sie hernach nicht darüber, sondern bewiesen einander die Liebe

Die Liebe als die wesentliche Ablenkung

Triumphierend lieben, nur so

Liebe ist auch: »Lieber Körper!«

Liebe heißt: ich will immer nur noch, weiter und weiter, ein einziges Wort hören, ein einziges Wort sagen, ohne Ende

FRIEDRICH GOTTLIEB KLOPSTOCK

Das Rosenband

Im Frühlingsschatten fand ich sie;
Da band ich sie mit Rosenbändern:
Sie fühlt' es nicht, und schlummerte.

Ich sah sie an; mein Leben hing
Mit diesem Blick an ihrem Leben:
Ich fühlt es wohl, und wußt es nicht.

Doch lispelt ich ihr sprachlos zu
Und rauschte mit den Rosenbändern:
Da wachte sie vom Schlummer auf.

Sie sah mich an: ihr Leben hing
Mit diesem Blick an meinem Leben,
Und um uns wards Elysium.

JOHANN WOLFGANG VON GOETHE

Mit einem gemalten Band

Kleine Blumen, kleine Blätter
Streuen mir mit leichter Hand
Gute junge Frühlings-Götter
Tändelnd auf ein luftig Band.

Zephir, nimms auf deine Flügel,
Schlings um meiner Liebsten Kleid!
Und so tritt sie vor den Spiegel
All in ihrer Munterkeit.

Sieht mit Rosen sich umgeben,
Selbst wie eine Rose jung.
Einen Blick, geliebtes Leben!
Und ich bin belohnt genung.

Fühle, was dies Herz empfindet,
Reiche frei mir deine Hand,
Und das Band, das uns verbindet,
Sei kein schwaches Rosenband!

NOVALIS

Ich weiß nicht was

Ballade

Jüngst als Lisettchen im Fenster saß,
Da kam Herr Filidor
Und küßte sie,
Umschlang ihr weiches, weißes Knie;
Und sagt ihr was ins Ohr,
Ich weiß nicht was.

Dann gingen beide fort, er und sie,
Und lagerten sich hier
Im hohen Gras
Und triebens frei in Scherz und Spaß;
Er spielte viel mit ihr,
Ich weiß nicht wie.

Zum Spiele hatt er viel Genie,
Er triebs gar mancherlei,
Bald so, bald so,
Da wars das gute Mädel froh,
Doch seufzte sie dabei,
Ich weiß nicht wie?

Das Ding behagt dem Herren baß
Oft gings *da capo* an?
Doch hieß es drauf,
Nach manchem, manchem Mondenlauf,
Er hab ihr was getan;
Ich weiß nicht was.

ERICH KÄSTNER

Moralische Anatomie

Da hat mir kürzlich und mitten im Bett
eine Studentin der Jurisprudenz erklärt:
Jungfernschaft sei, möglicherweise, ganz nett,
besäß aber kaum noch Sammlerwert.

Ich weiß natürlich, daß sie nicht log.
Weder als sie das sagte,
noch als sie sich kenntnisreich rückwärtsbog
und nach meinem Befinden fragte.

Sie hatte nur Angst vor dem Kind.
Manchmal besucht sie mich noch.
An der Stelle, wo andre moralisch sind,
da ist bei ihr ein Loch...

HERBERT EISENREICH

Überholverbot

Sie merkte, daß sie dem Auto dahinter zu langsam waren, obwohl sie fuhr, was die Kurven erlaubten. Gerade erst war es im Rückspiegel aufgetaucht, und schon klebte es dicht hinter ihnen. Es scherte mehrmals zur Mitte hin aus, und die Lenkerin selber hing schief im Sitz: wie wenn sie beim Fenster hinausschauen wollte. »Ich würd' sie ja vorlassen, aber...« Sie spreizte momentlang die Finger. Er sagte: »Ich mag es, das Spiel deiner Muskeln zu spüren, wenn du vom Gas auf die Bremse gehst und zurück auf das Gas.« Dann drehte er sich herum, blickte kurz zurück und sagte nur: »Blödsinn!«

Sie beruhigte ihn: »Ich lass' mich ja eh' nicht antreiben.«

»Wenn sie es eilig hat«, sagte der Mann, »soll sie zeitiger wegfahren.« Seine Hand lag wieder auf ihrem Schenkel. Sie dachte huschend an Situationen, in denen man's mit der Eile kriegt: krankes Kind und Bahnhof und Ladenschluß, lachte dann plötzlich: »Stell dir halt vor, sie hat es so eilig, weil sie von ihrem Liebhaber kommt und rechtzeitig wieder zu Hause beim Ehemann sein muß.«

Er lachte zurück: »Genau wie du?«

»Genau wie ich. Nur hab' ich's nicht eilig.« Die Hand fiel vom Lenkrad herab auf die seine.

Er sagte: »Der deinige wartet geduldig; jede Ewigkeit lang.«

»Ist das schlecht?« Sie hob die Hand an das Lenkrad.

»Im Gegenteil! Um so besser für uns!«

Mechanisch sagte sie: »Ja, natürlich.« Im Auto war sie kaum je nervös, aber jetzt war sie plötzlich mehr als nervös: verärgert, und über den Ärger erst recht verärgert. Drum sagte sie: »Weißt du, mich macht das nervös, wenn jemand so knapp hinter mir fährt.«

»Ihr Mann wird mißtrauisch, wenn sie zu spät kommt.«

»Oben«, sagte sie, »lasse ich sie vorbei.« Er sagte: »Wahrscheinlich hat sie gar keinen Grund, sich Sorgen zu machen. Welcher Ehemann merkt denn schon was?«

»Ich weiß nicht...« Sie wußte es wirklich nicht, war sich in diesem Moment aber sicher, daß viele es merkten, aber sich nichts davon anmerken ließen. »Ich weiß nicht...«

»Ich«, sagte der Mann neben ihr, »ich würde es merken. An allem würd' ich es merken. Schon an den faulen Ausreden, aber an allem anderen auch. An Gewohnheiten. An den Sätzen und Wörtern.«

»Vielleicht sogar an der Stimme?«

»Sogar an der Stimme.« Sie war über ihren fast höhnischen Ton erschrocken gewesen, doch er setzte ungeniert fort: »Ich wette: mich würde keine betrügen. Oder höchstens ein einziges Mal, und dann rausfliegen.« Jetzt war sie nicht mehr verärgert, doch mochte sie plötzlich nicht seine Hand auf dem Knie; und sie sagte: »Entschuldige, bitte, es irritiert mich.« Vor ihnen lief nun die Straße gerade, das andere Auto zog flott an dem ihren vorbei. Sie hätte jetzt wirklich gerne gewußt, warum diese Frau es so eilig hatte. Doch immerhin wußte sie jetzt, warum sie seit Wochen schon Schluß machen wollte mit dem da.

OTTO KREINER

Fräulein, soll ich in Ihrem Schoße liegen?

Fräulein, soll ich in Ihrem Schoße liegen? fragte Prinz Hamlet. Er sah ihr mit einem großen Blick ins Gesicht und lehnte sich ohne weiteres gegen ihre Knie zurück.

Sie machte ihre Füße ganz steif, um das Unschickliche der Situation auszugleichen. Doch ihr Gegendruck war zu schwach, um den Prinzen in einer angemessenen Entfernung zu halten.

Mit eigensinniger Kraft preßte er seinen Nacken zwischen ihre Schenkel, wie um ihr absichtlich weh zu tun.

Sie richtete einen ängstlichen Blick auf die Anwesenden, welche plaudernd zwischen den Stühlen herumstanden. Nur der König und die Königin saßen bereits. Lachend und animiert in der Erwartung des zerstreuenden Schauspiels.

Etwas neben ihnen stand der nette Herr Güldenstern mit seinem Freund. Güldenstern aß eine Kleinigkeit, und Rosenkranz brachte der Königin eben ein Glas Eiswasser. Zwei so sympathische, natürliche Menschen. Selbst ein Prinz Hamlet konnte sich an ihnen ein Beispiel nehmen.

Ein schöner Gedanke, zwischen den Beinen eines Mädchens zu liegen, sagte Hamlet, und er sagte es so laut, daß es alle verstehen mußten. Ophelia bekam einen roten Kopf. Sie wurde von Glut und Kälte überlaufen und stammelte etwas, ohne sich zuzuhören.

Doch es wurde noch schlimmer, denn jetzt begann Hamlet, Anspielungen auf den Tod seines Vaters zu machen. Ein Thema, welches von allen Leuten mit gutem Geschmack gemieden wurde.

Er quengelte daran herum, daß sein Vater erst zwei Monate lang tot sei, und nannte das zwei Tage. Eine Stichelei, die so plump war, daß sie von allen sogleich durchschaut wurde.

Ophelia fühlte sich sehr befangen. Sie blickte zu dem Königs-

paar hinüber und hob verzweifelt Schultern und Arme, um damit auszudrücken, daß sie sich mit den Theorien ihres Kavaliers keineswegs solidarisch erklärte. Wenn dieser auch zur Zeit seinen Kopf in ihrem Schoß liegen hatte.
Die Komödianten traten auf. Und alle Spieler im Saal begannen über den bunt-skurrilen Anblick in die Hände zu klatschen.
Ophelia überhörte noch eine spitze Bemerkung über Frauenliebe und wandte sich den Geschehnissen auf der Bühne zu. Das tat schließlich auch der Prinz. Ein wenig verstimmt über den sprunghaften Sinn seiner Dame.
Der Prolog sprach einen launigen Vers, der sehr freundlich aufgenommen wurde. Auch Ophelia fühlte sich dadurch von den Anzüglichkeiten des Prinzen angenehm abgelenkt. Sie mochte ihn ja gut leiden, aber sein störrischer Tag stieß sie immer ab.
Was Ophelia auf der Bühne sah und hörte, fesselte sie nicht sehr lange. Es war das Übliche von Liebe und Betrug. Der Bühnenwirksamkeit wegen mit einem direkten Mord aufgeputzt. So etwas gab es im wirklichen Leben natürlich nicht. Auch das Publikum war verschieden interessiert. Güldenstern knabberte an etwas. Und Rosenkranz bohrte in der Nase.
Etwas seitlich neben dem Königspaar saß Polonius und sprach mit einem Grafen, der aus Seeland angereist war. Des Polonius zahnloser Mund bewegte sich lautlos, wie bei einem Fisch im Wasserbottich. Die Königin schlummerte, und nur der König schien recht angeregt.
Ach, was für ein schönes Paar, dachte Ophelia. Sie, lind und mild, ein Bild der Barmherzigkeit. Er, edel, kühn und mit dem gepflegten Bart des Kriegers. Herrisch und gerecht. Und was es noch alles so geben mochte.
Sicher liebten sie sich innig. Stets gingen sie in einer Reihe nebeneinander. Und immer trug der König nur Staatsanzüge, welche zu den Staatskleidern der Königin paßten.
Und Hamlet, dieser Undankbare? Immer in Unruhe. Nie

zufrieden. Obwohl der Sitte Spiegel und der Bildung Muster, war er, an manchen Tagen, ganz, ganz hin.
Seit neuem gab er sich mit Spiritismus ab. Neulich nachts hatte er auf einem Turm auf ein Gespenst gewartet. Wahrscheinlich hatte er sich auf dem zugigen Turm erkältet, denn er war ganz verändert seit dieser Zeit.
Wie schön könnte doch das Leben sein. Er war ihr lieb. Aber mit seinen ewigen Hänseleien und geistreich sein sollenden Bemerkungen drückte er ihr auf den Magen.
Vater hatte ganz rundheraus gesagt: Prinz Hamlet ist ein Fürst, er steht zu hoch für dich. Das war schmerzlich. Und sie gestand sich ja ein, daß dies die reine Wahrheit war.
Doch irgendwo in ihr gab es einen Funken Hoffnung. Der König und die Königin waren so freundlich. Vielleicht geschah ein Wunder. Und wenn sie erst ein Paar waren, und es sich schickte, vor der Welt und vor den Leuten, dann würde sie seine Grillen schon eindämmen.
Unsanft fuhr sie aus ihren Gedanken, denn Prinz Hamlet war plötzlich aufgestanden.
Auch der König stand vor seinem Thronsessel. Er griff sich mit beiden Händen nach der Kehle, und seine Augen quollen ihm heraus.
Vater Polonius saß tief sinnend mit gesträubten Haaren. Und die Mienen von Rosenkranz und Güldenstern drückten bedeutendes Mißfallen aus.
Na, ist das ein Brocken, rief Hamlet aufgeräumt dem König zu. An dem werdet Ihr ein ganzes Leben zu schlucken haben.
Fackelträger, ächzte der König, leuchtet mir, fort.
Mehr Licht, rief Polonius beflissen.
Der König rannte mehr als er ging, und der ganze Hof folgte ihm wie eine flatternde Vogelwolke.
Prinz Hamlet stemmte die Hände in die Hüften und lachte. Übertrieben. Wie ein Kranker.
Ophelia saß wie erstarrt. Der arme liebe König. Warum hatte er sich so aufregen müssen?
Prinz Hamlet aber sprang wie ein Verrückter auf den Bühnen-

brettern herum und rief immer wieder, daß er gesund sei. Oder so ähnlich.
Und sein Freund Horatio stand wie ein dumpfer Klotz dabei, ohne etwas gegen Hamlets Anfall zu unternehmen.
Es war alles so peinlich.

RAINER MARIA RILKE

Sonett an Orpheus

Nur wer die Leier schon hob
auch unter Schatten,
darf das unendliche Lob
ahnend erstatten.

Nur wer mit Toten vom Mohn
aß, von dem ihren,
wird nicht den leisesten Ton
wieder verlieren.

Mag auch die Spieglung im Teich
oft uns verschwimmen:
Wisse das Bild.

Erst in dem Doppelbereich
werden die Stimmen
ewig und mild.

FRIEDERIKE MAYRÖCKER

Orpheus und Eurydike

Sie scheinen ihm in ihren Bewegungen ohne Eile, in ihren Blicken beinahe langsam. Sie halten ihm die gepflegte Schönheit ihres Gartens hin, wenn er nach Eurydike verlangt. Erst, als er sie mit dröhnenden Gesängen beschwört, kommt es auf sie zu wie ein vages Bitten, und sie entlassen Eurydike und wünschen, sie möge wiederkehren. Sie ist schon so entfernt von ihm, sein Wesen tut ihr weh. Wie er ihren Namen sagt, hört sie den farbigen Klang der Erde. (Er vermochte nicht mehr zu sagen als diesen Namen: man glaubt, es war, weil auch ihn schon das ewige Maß angerührt hatte.) Und während sie immer höher steigen, er, behangen mit der leisen Freude ihres wiedergefundenen Namens, und der nichtgesprochenen Frage: weißt du noch? – sie, je weiter von der Unterwelt entfernt, um so ausgespannter, leidender – geschieht es, daß Eurydike, als er sich endlich doch nach ihr umdreht, mit einem schrecklichen Jubel zurückschnellt, blaß und gelöst.

INGEBORG BACHMANN

Dunkles zu sagen

Wie Orpheus spiel ich
auf den Saiten des Lebens den Tod
und in die Schönheit der Erde
und deiner Augen, die den Himmel verwalten,
weiß ich nur Dunkles zu sagen.

Vergiß nicht, daß auch du, plötzlich,
an jenem Morgen, als dein Lager
noch naß war von Tau und die Nelke
an deinem Herzen schlief,
den dunklen Fluß sahst,
der an dir vorbeizog.

Die Saite des Schweigens
gespannt auf die Welle von Blut,
griff ich dein tönendes Herz.
Verwandelt ward deine Locke
ins Schattenhaar der Nacht,
der Finsternis schwarze Flocken
beschneiten dein Antlitz.

Und ich gehör dir nicht zu.
Beide klagen wir nun.

Aber wie Orpheus weiß ich
auf der Seite des Todes das Leben,
und mir blaut
dein für immer geschlossenes Aug.

BERT BRECHT

Kandaules

Von König Kandaules sagt die Legende, er habe seinem Freund Gyges nach einem hitzigen Gespräch über Schönheit seine Frau in völliger Nacktheit gezeigt. Die Geschichte scheint mir keinen rechten Sinn zu haben. Sie setzt voraus, daß dieser Gyges mir nichts, dir nichts an der Schönheit der Königin Zweifel geäußert hätte. Aber warum sollte er das getan haben? Ist das ein königliches Gespräch, in dem der eine sagt: meine Frau ist schön, und der andere: glaube ich einfach nicht, und ist das etwas Besonderes, wenn der erstere dann sagt: schau sie dir gefälligst an, bevor du urteilst? Ganz anders interessieren würde mich da doch ein Gespräch über Schönheit in Zusammenhang mit Liebeskunst. Was soll man wirklich mit der Schönheit seiner Frau anderes anfangen, als sie den Freunden zeigen? Unterliegen doch die meisten der landläufigen Illusion, Schönheit bedeute Liebeskunst. Wir haben nämlich einen Schönheitstypus gezüchtet, der Erwartungen und Begierden erweckt, die er nicht befriedigt. Ich kann mir vorstellen, daß Gyges die Schönheit der Königin kennt, aber an ihrer Liebeskunst Zweifel äußert. Er wäre dann ein Kenner. »Schön?« ruft er aus, »was soll das heißen? In bezug auf was schön? Wodurch schön? Darauf kommt es an. Gerade Schönheit muß sich beweisen, muß für ihren Wert grade stehen.« In einem solchen Fall, wo so viel auf dem Spiel stünde, gälte es doch, ganz allgemein die Schönheit zu verteidigen, bliebe dem König nichts anderes übrig, als in dem, was er seinem Freund erlaubt – sehr weit zu gehen. Und die Königin hätte dann wirklich einen Grund, sich umzubringen, wie sie es in der Legende tut und zwar aus Stolz darüber, daß man den Wert der Schönheit in Zweifel gezogen hat und sich dabei vielleicht nicht täuschte.

MAX FRISCH

Philemon und Baucis

Ein Mann und eine Frau, als der erste Rausch der unpersönlichen Liebe verrauscht war, erkannten, daß sie wie für einander geschaffen waren. Sie verstanden einander so trefflich. Nur war der Rausch eben verrauscht. Und so lebten sie zusammen, nicht übermütig, aber ohne Zerwürfnisse. Nur manchmal geschah es, daß er die Umarmung, während sie stattfand, wie von außen sah, als sitze er in einem Sessel daneben oder als stehe er grad am Fenster, er hatte Gedanken, wie wenn man auf die Straße hinausschaut, keine schlimmen, aber Gedanken, dann wieder war er eins mit sich und mit ihr, und später, wenn sie einen Tee kochte, rief er sie mit ihrem Kosenamen, und als sie den Tee eingoß, sagte er, daß er sie liebe. Es war durchaus wahr. Und ihr ging es wahrscheinlich ebenso. Auch sie liebte ihn, nur ihn, wenn auch anders als im Anfang, persönlicher. Sie waren unzertrennlich, sie reisten zusammen. Einmal, in einem Hotel, war er bestürzt, als er die Umarmung, während sie stattfand, in einem Spiegel sah, und froh, daß es sein Körper war, mit dem sie ihn betrog, und er schaute in den Spiegel, in dem er sie ebenso betrog. Es kam zu Krisen über Lappalien. Dabei liebten sie einander. Eines Abends, später, saß er eine Zeitung lesend, während sie im Bett lag; er hatte Gedanken, alltägliche, wie er sie manchmal in der Umarmung heimlich hatte, aber er saß tatsächlich in dem Sessel; sie schlief, und er konnte sich, von jenem Spiegel belehrt, ohne weiteres vorstellen, wie ein andrer sie umarmt, und saß daneben, keineswegs bestürzt, eher froh um die Tilgung seiner Person, eigentlich heiter: Er möchte nicht der andere sein. Zeitung lesend, während sie schlief und vielleicht träumte, was er sich von außen vorstellte, war er eins mit seiner großen Liebe. Sie hießen Philemon und Baucis: Das Paar.

PETER ALTENBERG

Don Juan

Jeder kultivierte, feinfühlige, ernstlich gebildete Mann trägt in seiner Seele *von Anbeginn* ein Frauenideal! Körperlich-seelisch-geistig! So, so muß sie geformt sein, so muß sie gehen, stehen, sitzen, blicken, sprechen, schweigen! So muß sie die Wälder liebhaben, die Seen, die schönen Kinder und die aparten Tiere usw. usw. Alles ist in seiner Seele, falls er eine hat, über sie *vorausgeahnt*, vorausbestimmt von Geschmack und Schicksal! Siehe, aber zugleich fühlt er es vom ersten Augenblicke seiner edlen Jünglingsjahre an, daß dieses *sein Ideal* nicht existiere. Jedenfalls kann er nicht *so lange* warten, bis es ihm *endlich* irgendwo erscheint! Da begnügt er sich denn mit *Teilen* seines ursprünglichen Ideals, quasi mit kleinen abgerissenen *Fetzen* desselben, die eine hat das, die andere hat jenes, was ihn momentan teilweise beglücken, nein, berauschen kann, aber alles zusammen in einer Holdesten vereinigt, wäre erst seine wirkliche Erlösung, sein bleibendes Glück, sein endgültiger *Friede!* Don Juan ist also der natürliche Idealist, der sein eigenes, in ihm verborgen ewig thronendes Frauenideal in Stücke zerteilt und jedes einzelne Stück zu genießen versucht, ohne es *selbstverständlich* je zu können! Denn Gott wünscht die *ewige Sehnsucht* nach dem »Vollkommenen« und hat es den Menschen in die leidende Seele gelegt! Aber *das* nehmen, genießen, was sich gerade bietet, *pfui!* Geschäftchen machen ohne Risiko ist des Teufels. Don Juan fährt stets zur Hölle! Zur eigenen nämlich!

SARAH KIRSCH

Don Juan kommt am Vormittag

Don Juan kommt am Vormittag
So schrieb er im Telegramm was
Mich nachdenken ließ ich hatte den Mond
Eingeplant und Fontänen nun blieb
Nicht viel Zeit nicht mal die Augen
Größer malen die Füße nicht waschen
Ich stand wo sie anfängt die Stadt sah ihn
Im wehenden Mantel auf einem Rennrad
Den weißen Schal von der Schulter flattern
Herannahn die Lippen zersprungen und tief
Lagen die Augen ich fragte ihn
Weshalb er so früh sei sicher später
Ein Rendezvous mit einer Schönheit
Achwasdummheit er stellte das Rad
Schräg in die Luft er nahm den Hut ab
Legte uns beide ins Gras das rings
Üppig zu werden begann zog Vögel
Aus Metall auf die fingen zu singen
An daß es schallte Variationen
Über ein Thema von Mozart ich kenn das
Sagte er und alle Platten-
Spielersysteme Schönberg und
Ich werd dich jetzt das wird aber gut sein

GÜNTER EICH

Lauren

Wenn es Laura nicht gibt, so gibt es doch ihren Namen. Sie hat kleine, von Locken verdeckte Ohren, das kann man mit Sicherheit sagen. Schon die Haarfarbe ist ungewiß, aber Rot wäre eine Überraschung. Die Literatur über Laura ist geringer als über Wilhelm Tell. Schade, ich könnte besser mit Laura reden als mit Petrarca, der alles noch einmal sagen wollte, nur schöner. Ein falsches Kunstprinzip, aber wir wollen es auch. Was sagte Eva, was sagte Bathseba, was sagte Noah, als er seine Freunde im Regen zurückließ? Niemand weiß es, aber wir wollen es endlich sagen. Niemand kennt Laura, wir wollen sie endlich erfinden. Sie spielt Klavier. Weil ihr Innenleben nach Ausdruck drängt, wahrscheinlich zu laut. Ihr Auge hält einen Punkt fest jenseits aller Klaviere, – jetzt wissen wir schon einiges. Ich wage zu sagen, daß sie eine Hauptmannswitwe ist. Jung, aber eine durch Leid gereifte Frau. Jetzt wissen wir wieder mehr. Aber schöner. Laura wird immer schöner. Ein Schönheitspflästerchen, ein Blumenhals, eine Wespentaille. Sie tritt sofort ins Leben und spielt Klavier. Umschwärmt von Anbetern verzehrt sie die karge Witwenpension. Francesco und Friedrich sind ihre Favoriten. Francesco bleibt, Friedrich wendet sich später einer Caroline und einer Charlotte zu. Sie leidet und überlebt beide. Gestorben 1899 im Tropeninstitut der Universität Tübingen. Wenn wir ihren Tod wissen, wissen wir alles. Den Tod, meinen Principal, sagt Friedrich, großmächtigster Zar alles Fleisches.

RUDOLF BAYR

Sappho II

Sie sagen, sie sagten es dem Wind
trügen es Schwingen auf
gäben zu bergen es der Nacht
sie sagten es den Plejaden
hängten es ans Mondhorn
sie sagen nur nicht
es ist spät, Liebe, komm schlafen

GOTTFRIED KELLER

Sabine

Du hast wohl dicht verschlossen
Dein Gärtlein, frommes Kind,
Da diese Heckensprossen
So eng verwachsen sind?

Doch blüht die Unschuld immer
Darin, soviel ich seh;
Sonst war es Lilienschimmer:
Nun ist es weißer Schnee!

HERMANN BROCH

Kulinarisches Liebeslied

Weißt du's noch? damals aßen wir
zart-jungen Mais
mit Butter; die Spitzen waren weich
und die Kolben ganz weiß.

Weißt du's noch? damals aßen wir
Shishkebab mit Reis,
und nachher verlangtest du
Himbeereis.

Weißt du's noch? damals aßen wir
indianische Götterspeis
voller Curry, und wir tranken und tranken,
und die Welt glühte heiß.

Weißt du's noch? damals aßen wir
in laut-festlichem Kreis –
war's Geburtstag? war's Hochzeit?
im Herzen war's leis.

Oh, ich weiß, ich weiß:
wen's freut den andern essen zu sehn,
des Liebe wird täglich und nächtlich aufs neue erstehn
und nimmer vergehn.

WILHELM BUSCH

Ein guter Braten

Es wird mit Recht ein guter Braten
Gerechnet zu den guten Taten;
Und daß man ihn gehörig mache,
Ist weibliche Charaktersache.

Ich weiß, daß hier ein Jeder spricht:
Ein böses Mädchen kann es nicht.
Drum hab ich mir auch stets gedacht
Zu Haus und anderwärts:
Wer einen guten Braten macht,
Hat auch ein gutes Herz.

BOTHO STRAUSS

Beziehungen

Von Zeit zu Zeit, wenn ihr eben danach ist, sucht sie einen gutgekleideten, kräftigen Burschen auf und er ist meist für sie da. Sie muß dafür nicht bezahlen. Sie sind Körperfreunde. Sie wissen wenig voneinander, nichts Tieferes, vom Lebensweg des anderen nur eben soviel, wie man in Zigarettenpausen spricht und dann leicht vergißt. So wird es getan, genauso wie es in tausend Magazinen schon beschrieben und sogar empfohlen wurde. So vorbildlich helfen sich hier zwei, die es vorziehen, allein und ungebunden zu leben. Vor dem Haus streichelt sie dem Mann in seinen weißen Hosen zum Abschied über die Wange. Weich und dankbar sieht es aus, lebensklug und nicht frivol. Eine umfassende Gebärde gleichwohl für die lasche Güte und die Auswegsfülle, in der mittlerweile das Lieben abseits der Liebe verläuft. Wir haben es hier eher zu tun mit einer liberal-demokratischen Einrichtung, chaoslos und angstfrei, die Liebe dem Guten untergeordnet, domestiziert und der Freiheit gewidmet. Die Angst gehört den Atomkraftwerken. Keiner ist mehr gezwungen, sie an ihrer geschlechtlichen Quelle selbst zu ertragen. Und vielen scheint es zu gelingen, die Angst zu provinzialisieren, umzulagern.

Allein das Wort *Beziehungen* immer wieder zu hören, wirkt sich handschweißhemmend aus. So handelsplatt wie es klingt, sucht es den Umgang mit der gründlichen Gefahr, welche die Liebe ihrem Wesen nach für das Gemeinwohl darstellt, künstlich zu ernüchtern und eine Berechenbarkeit hineinzubeschwören in eine Sphäre, die immer noch die ursprünglichste, undurchdringlichste und verschlingendste des Menschen ist. Es mag sein, daß daran die Herrschaft alles Möglichen, die totale Erlaubnis, der Konsum auf die Dauer etwas ändern werden und alle Bindungen lose und schwächlich machen. Wie der Geschichtslose an den kalten Inszenierungen von Vergangenheiten, den plötzlichen Tableaus von Preußen, Staufern, Pharaonengräbern sich erfreut, so wird dann den Lieblosen kaum etwas anderes mehr erregen als die Spurensicherung der Liebe. Zu gern würd' er mal erfahren, was wohl ein sogenanntes erotisches Abenteuer wirklich war, oder wie eine Leidenschaft sich ausnahm, die erst im Bruch von Regeln, Sitte, Widerständen groß geworden war.

Für uns in den Städten, uns Mobile, Beschleunigte und Mischkläßler, entscheidet sich die Partnerwahl in einem ›freien‹ Spiel von anziehenden und abstoßenden Kräften, je nach Lust und Laune und dem Angebot der Reize. Es ist, als sei die erotische Wirklichkeit, die äußere Szene der wechselnden Gelegenheiten, zu einem vollkommenen Abbild der Seele selbst geworden mit ihren wirren, ungeordneten Bedürfnissen und der Fülle ihrer Ambivalenzen. Wir werden diesem Menschen nicht mehr begegnen, von dem wir auf Anhieb wissen, dieser paßt zu uns wie kein zweiter, er ist der einzig

Richtige. Für unsere Lebensformen, in denen wir voneinander immer unabhängiger, vom Ganzen aber immer abhängiger werden sollen, ist ein solcher schöner Herzenstrug von keinerlei Nutzen mehr und wir werden ihn allmählich aus unseren Gefühlen verlieren. Wo aber die Seele so wenig äußeren Zwecken gehorchen braucht, tritt die Herrschaft der innersten Ambivalenz-Gefühle umso ungezügelter hervor. Die Rede der Verbindung, die einzig auf Gefühl beruht und kein gemeinsames soziales Geschick mehr zu tragen braucht, ist ein komplexes Ja-Nein und ihr unspaltbarer Kern ist Liebe-Kälte. Alleinbestimmend ist, was gerade der Seele gefällt – und es gefällt ihr schon gleich nicht mehr, wie man weiß, denn sie ist ja der Hort des Gegenwendigen schlechthin. Die Begegnung, die unter den Bedingungen der größtmöglichen äußeren Freiheit und Verantwortungslosigkeit stattfindet, wird bald ein geschundenes Opfer der Zwänge, der Lust- und Zerstörungslaunen des Unbewußten. Auf diesem Feld, wo das Soziale (Aufbau einer Gemeinschaft, Fortpflanzung, Überlieferung eines kulturellen Erbes usw.) seine vorherrschende Rolle eingebüßt hat, verkehren unbehindert die Launen mit den Gelegenheiten, die äußeren Reize, das Neue mit dem schnellen Wechsel der Behausung, und aus diesem breiten Verkehrsstrom, wo das Gewünschte mit dem Gegebenen sich immer kurzfristig einigen kann, wird sich keine noch so fest versprochene Verbindung heraustrennen können. Er zieht durch uns alle.

H. C. ARTMANN

Ein Doppelleben

Herr Alois Schaffranek ist ein äußerst begabter Schreiber von Liebesbriefen. Mit den ersten Strahlen der aufgehenden Sonne erhebt er sich von seinem Bettsofa, schreibt eine verliebte Epistel oder auch zwei, rasiert sich mit dem Philishave, dann erst trinkt er sein gewohntes Häferl Milchkaffee, das ihm seine Zimmerfrau in sein Kabinett bringt... »Guten Morgen, Herr Alois, fleißig, fleißig schon in aller Herrgottsfrüh? Wohl schon einige Geschäftsbriefe fertiggeschrieben. Ja, ja, die Geschäftsleut, immer schreiben, immer schreiben! In aller Ewigkeit werden Sie mit der ganzen Schreiberei nimmer fertig werden. Viel Papier geht da auf, nicht wahr, Herr Alois?«
»Ja, liebe Frau Schröckenwald«, pflegt der Herr Alois stets mit diplomatischer Sicherheit zu sagen, »eine Masse Papier geht schon auf bei meinem Geschäft. Schönen Dank für meinen Kaffee, Frau Schröckenwald, und jetzt heißt's gleich wieder weiterz'schreiben, da gibts kein Pardon, kein Pardon, kein Pardon...«
»Pardon, ich will nicht stören!« sagt ihrerseits Frau Schröckenwald und zieht sich zurück, wie sie es schon seit fünfzehn Jahren jeden Tag tut. Herr Alois jedoch setzt sich stante pede wieder auf sein grünes Plüschsofa, rückt den Sessel mit der alten Schreibmaschine näher und beginnt noch während des Milchkaffees mit dem dritten Liebesbrief:
Meine Rose aus chinesischer Seide, mein schwarzer Mond aus hervorragend gutem Samt, meine liebliche Knospe aus veilchenfarbenem Taft, meine schlanke, herzdurchdringende Nadel, mein perlmutterner Goldknopf, mein unschätzbarer Zwirn usw. usw.
Dieser Brief, wie man leicht entnehmen kann, richtet sich an Fräulein Rosine Tramweier, die aber, ihrem seltenen Namen zuwider, in einer Schneiderei am Neubau arbeitet. Herr Alois kennt alle die von ihm postalisch beehrten Mädchen nur dem Bild nach. Sein Trick ist nämlich, Heiratsannoncen aufzuge-

ben und Bildzuschriften zu verlangen. Die Antworten läßt er alle nach Krems postlagernd schicken, holt sie wöchentlich, meist montags, ab, versteckt die Bilder unter einem Buttenzwerg, der vor dem Frisiertisch steht, und erzählt schon seit Jahren der gutgläubigen Frau Schröckenwald, er sei ein Geschäftsmann, der mit Autopneus und gebrauchten Boschhörnern handle!

Das also ist Herrn Alois' Geheimnis, seine vor allen Menschen verborgene Teufelei!!

Nun aber hat Herr Alois Schaffranek bislang kein einziges Heiratslustigenphoto ehrenwörtlich retourniert. Versichert hat er es, das tut er nur so leichthin, der Unhold. In Wahrheit jedoch liegen unter dem besagten Buttenzwerg beim Frisiertisch sage und schreibe 895 Stück Photographien verschiedener Größe und Qualität. So was sollte man doch nicht für möglich halten.

Dieser Schaffranek, der sich als solider Geschäftsmann vor aller Welt ausgibt, ist nichts anderes als ein ruchloser Bigamist im Geiste. Zwar schreibt er an alle 895 Mädchen, Frauen und Witwen jede Woche einen passenden und gewiß auch schönen Liebesbrief, aber das ist im Grunde genommen doch nichts anderes denn eine getarnte Augenwischerei!

Ich frage Sie, Herr Alois Schaffranek, haben Sie gar kein Herz im Leibe? Ein Mann wie Sie sollte sich schämen, so vielen Frauen eitle Hoffnungen zu machen, ihre Photos nicht, wie versprochen, ehrenwörtlich zu retournieren, die Zimmerfrau, die doch seit fünfzehn Jahren getreulich den Morgenkaffee vors Sofa bringt, infam zu belügen, und überdies die vielen, vielen Antlitze unter die staubige Schreibtruhe, ja selbst unter den faunischen Tritt eines Buttenzwerges zu schieben! Lassen Sie das fahren, Herr Alois Schaffranek, gedenken Sie der rächenden Gerechtigkeit! Der Alois geht so lang um Photos, bis er zehntausend Briefe in der Woche schreibt... Die Finger werden Ihnen abfallen...

Wenn Frau Schröckenwalds blecherne Küchenuhr mittags zwölf blecherne Töne von sich gibt, hat Herr Alois bereits den 102ten Brief hinter sich. Frau Schröckenwald klopft diskret an die Kabinettür...

»Herein, herein, was gibt's denn heute Gutes, Frau Zimmerfrau?«

»Ich hab' Ihner Grammelknödel gemacht, Herr Alois, mit einem aufgewärmten Kraut von gestern, weil S' das so gern mögen, Herr Alois.«

»Sehr fein, sehr fein, Frau Schröckenwald, stellen Sie's nur einstweilen auf den Frisiertisch hinüber. Ich muß noch diesen Brief da nach Linz an der Donau fertigschreiben. Ein frischer Posten alter Boschhörner...«

Frau Schröckenwald aber, von Herrn Alois' Unholdereien keine Ahnung habend, streicht zufrieden über ihre adrette Schürze und sagt:

»Soviel Papier, Herr Alois, soviel Papier! Ja, ja, die Geschäftsleut, immer fleißig, immer fleißig von früh bis spät. In aller Ewigkeit werden S' mit der vielen Schreiberei nimmer fertig werden...«

Ach, wie soll das noch einmal enden, wann schließlich doch die Polizei dahinterkommt, Herr Alois Schaffranek!

HEINRICH HEINE

Worte! Worte! keine Taten!

Worte! Worte! keine Taten!
Niemals Fleisch, geliebte Puppe,
Immer Geist und keinen Braten,
Keine Knödel in der Suppe!

Doch vielleicht ist dir zuträglich
Nicht die wilde Lendenkraft,
Welche galoppieret täglich
Auf dem Roß der Leidenschaft.

Ja, ich fürchte fast, es riebe,
Zartes Kind, dich endlich auf
Jene wilde Jagd der Liebe,
Amors Steeple-chase-Wettlauf.

Viel gesünder, glaub ich schier,
Ist für dich ein kranker Mann
Als Liebhaber, der gleich mir
Kaum ein Glied bewegen kann.

Deshalb unsrem Herzensbund,
Liebste, widme deine Triebe;
Solches ist dir sehr gesund,
Eine Art Gesundheitsliebe.

FRIEDRICH DÜRRENMATT

Ann

Der Mitmacher ist unter anderem eine Liebesgeschichte. Eine bedenkliche und eine leichtsinnige, eine junge Frau sollte sich immerhin nicht von einem Wildfremden fünf Stockwerke unter die Erde fahren lassen. Daß sie zusätzliches Pech hat, daß sie sich ausgerechnet mit dem Angestellten jenes Mannes einläßt, mit dem sie sich vorher eingelassen hat, kommt zwar hinzu, wäre aber nicht unbedingt nötig gewesen. Doch das Schicksal, an sich boshaft, liebt solche Streiche, sein Geschmack ist die Kolportage, nicht die Belletristik, damit ist zu rechnen; leider rechnet Ann nicht damit. Sie schläft mit Doc, vielleicht aus einem Bedürfnis heraus, weil Boss wohl doch zu sehr an seine Pumpe denkt, vielleicht aus bloßer Laune. Vielleicht, um sich vor sich selbst an Boss zu rächen, als ob eine Rache, derart im geheimen vollzogen, noch eine Rache wäre; und einige Monate später hat sie sich denn auch prompt in Doc verliebt, ihr endgültiges Pech, sind doch die Bedingungen unerbittlich, die mit der Liebe ins Spiel kommen. Das gilt nicht nur für die Liebe zwischen Doc und Ann, das gilt für jede Liebe, für die windigste und für die erhabenste, mit großen Unterschieden freilich. Jede Kultur ist durch ihre Liebesgeschichten charakterisiert: Die Gestalten der antiken Tragödie sind nicht mythisch, um sie irgendeinem Weltprinzip zu unterstellen, dem apollinischen und dem dionysischen etwa, oder um Gesellschaftskritik zu betreiben; es sind durch die mythische Fiktion ›Menschen an sich‹, die gegeneinander antreten, wie Gladiatoren, Mann gegen Frau, Vater gegen Sohn, Mutter gegen Tochter, Sohn gegen Mutter usw., Auseinandersetzungen innerhalb königlicher Sippen, gerade deshalb dem Gesellschaftlichen entrückt. Innerhalb dieser Arena werden die Akteure aufeinandergehetzt. Liebe, Eifersucht, Haß, Rache sind die Motivationen ihres Handelns, ihrer unwahrscheinlichen Verbrechen; und wenn

sich die Götter einmischen, tun sie dies aus den gleichen Gründen: Die Götter sind unsterbliche Menschen, nicht mehr. Aber auch die Liebesgeschichte zwischen Odysseus und Penelope ist nur in einem sehr vagen Sinn das Hohelied der Treue, man wird den Verdacht nicht los, Penelope sei vor allem aus Vorsicht treu, für den Fall, ihr Gatte könne doch noch heimkehren; nicht unberechtigt, denn die Art, wie dieser Heimgekehrte mit den Freiern verfährt, läßt ahnen, wie er, hätte Penelope einem Freier nachgegeben, mit ihr verfahren wäre. Die Tausendundeine Nächte endlich, um noch einen anderen Fall in einer freilich anderen Kultur zu erwähnen, die Liebesnächte, die Scheherezade mit dem König Schahriar zubrachte, bevor er sie endgültig als Gemahlin akzeptierte, stellen zusammen keine Liebesgeschichte dar, sondern den verzweifelten Kampf der schönen Wesirstochter, dem Scharfrichter zu entgehen. Sie entkam ihm schließlich, nicht weil der König sie liebte, sondern weil er sich an ihre beträchtliche Fähigkeit, Geschichten zu erzählen, gewöhnt hatte, wie wir uns an das Fernsehen gewöhnt haben, wer möchte es noch missen, obgleich dessen Fähigkeiten im Vergleich zu denen Scheherezades gering sind, man braucht nur die Programme der beiden zu vergleichen.
Demgegenüber sind unsere Liebesgeschichten ungleich komplizierter: ihre Wurzel liegt in dem geheimnisvollen Satz, daß Gott die Liebe sei, wie wir als Kinder in der Sonntagsschule sangen[...]
Das sind nun freilich Überlegungen, die uns scheinbar eine Unendlichkeit weit von der jungen Frau weggetrieben haben, die sich vorerst hilflos in der Behausung umsieht, in die sie leichtfertig geraten ist, ja wir suchen geradezu verzweifelt nach einer Beziehung zwischen der so überaus komplizierten und doppeldeutigen Liebe Gottes zu seinem Geschöpf und den beiden dubiosen Individuen, die sich da in einem unterirdischen Lagerhaus nahe dem Fluß bisweilen auf der schäbigen Couch wälzen. Hier eine Beziehung zu vermuten, scheint grotesk. Während wir von Gott und Menschen nicht wissen, wer wen hervorgebracht hat, Gott den Menschen oder der

Mensch Gott, was deren Beziehung, diese höchst rätselhafte Liebe, ins Metaphysische, Spekulative, in die subjektive Welt des Glaubens rückt, handelt es sich bei Ann und Doc um eine handfeste, banale Liebe, um gelegentlichen Beischlaf mit etwas Vivaldi-Musik; das eine mit dem anderen in Beziehung zu setzen scheint gar blasphemisch. Aber die Liebe spielt sich nicht zwischen Begriffen, sondern zwischen Personen ab; weshalb es dramaturgisch gleichgültig ist, ob der eine, der liebt, ein Gott ist oder ein Mensch, oder ob der eine den anderen, von dem er geliebt wird, ebenfalls liebt, oder ob es den Geliebten oder die Geliebte überhaupt gibt usw., ist doch eine der schönsten Liebesgeschichten jene, die sich zwischen Don Quijote und Dulcinea abspielt. Daß Dulcinea eine Saumagd in Toboso ist, bleibt nebensächlich, sie mag sein, was sie ist, ja sie brauchte nicht einmal zu existieren, entscheidend ist, zu was sie durch die Liebe Don Quijotes in dessen Einbildung wird: zu seiner ritterlichen Dame, der zu Ehren er all die ungeheuren Abenteuer seines Lebens besteht, mögen sie außerhalb seiner Phantasie noch so lächerlich sein. Damit wird aber deutlich, warum es so schwer ist, über die Liebe zu reden: sie ist eine Position im Sein, das Bejahen des Seins, vorerst, weil das Sein nur im Augenblick sein kann, im Nu, der sofort wieder vergeht, das Bejahen dieses Augenblicks, dieses Nu, sein Transponieren in die Unendlichkeit, denn alle Lust will Ewigkeit... Indem Don Quijote, dieser größte aller Idealisten, die Saumagd in Toboso in ein ewiges Prinzip verwandelt, versetzt er sie in die Unendlichkeit, seine Liebe wird unanfechtbar. *Don Juan* dagegen, Don Quijotes dramaturgischer Antipode, ist ein Realist: was ihn ärgert, ist die Vergänglichkeit der Lust, er vermag den Gegenstand seiner Liebe nicht ins Unendliche zu transponieren und einen Schemen zu lieben, er liebt nur den Augenblick und den Weg, der zu diesem Augenblick führt, er ist nicht der Verführer, wie ihn die Tradition sieht, sondern der Schöpfer, der seine Schöpfung bis zum Augenblick ihrer Schöpfung liebt und sie dann einer neuen Schöpfung zuliebe fallenläßt. Ist Don

Quijote religiös gesehen ein Gleichnis des gläubigen Menschen, so Don Juan eine kühne, ja dämonische Übertragung Gottes ins Menschliche; wie Don Juan muß auch Gott auf Ewigkeit immer neue vergängliche Welten schaffen.

Was uns vor diesen zwei extremen Möglichkeiten der Liebe rettet, vor der Don Quijotes, die sie ins Ideale entrückt, und der Don Juans, die sie zerstört, ins nur Sexuelle verwandelt, in die Welt der auswechselbaren Schöße und Schweife, ist die Liebe vom Einzelnen zum Einzelnen, die nicht abstrahierbare Liebe. Nicht daß diese Liebe einfacher zu fassen wäre – gerade sie ist unfaßbar, ist sie doch eine immer anders geartete Beziehung, je nach den Einzelnen bestimmt, die sich durch ihre Liebe ineinander verstrickt haben. Über diese Liebe kann freilich von keinem anderen geredet werden als von dem, der liebt, somit weder theologisch noch philosophisch, weil jeder andere Standpunkt als der des Liebenden die Liebe exemplarisch setzt, literarisch, wenn man will, und sie nicht mehr vom Einzelnen her bestimmt, an den sie doch gekettet ist, weil sie sich zwischen Menschen abspielt und daher nicht verallgemeinert werden kann. Und wenn gar die Liebe als etwas rein Psychologisches behandelt wird, als Trieb oder als dumpfe Sehnsucht zurück in den Mutterschoß, ins Embryonale, ins Gefühl des Geliebtseins, löst sich die Liebe ins Nichts auf, wird zu einem Schatten, verkrümelt sich zu einem bloßen Gedankending, von dem es gleichgültig ist, wie man es nennt. Wenn aber von der Liebe nur der Liebende zu reden fähig ist, redet er am besten gar nicht von ihr – schweigt doch ein echter Liebhaber über seine Geliebte –, denn falls er doch von ihr redet, muß er sich seine Liebe noch, oder schon, einreden, wird er erst lieben oder hat schon geliebt. Die Liebe schweigt; daß sie freilich ein Gesprächsthema darstellt, ist eine andere Angelegenheit. Man redet so viel von ihr, auch wenn man nicht viel mehr als den Beischlaf darunter versteht, um ihr Schweigen zu übertönen, um sie gleichsam aus der Welt zu schwatzen, aber auch um sie aus der Welt zu schreiben, zu philosophieren oder zu theologisieren, ja zu politisieren – wir sind alle Brüder –, kommt doch niemand recht zurande mit ihr; und was wir im Leben nicht lösen, versuchen wir wenigstens mit einem Begriff zu lösen, mit jenem der Liebe, in den wir unendliche Gebote, Komplexe, Tabus, Sublimationen und Neurosen verpackt haben. Die Liebe ist wie kaum je ein anderes Substantiv zu einer metaphysischen Größe geworden. Daß aber dieses pompöse Wort ein Schweigen zudeckt, etwas Sprachloses, davon zeugt nicht nur die Liebe eines jeden von uns, darauf deuten auch die Liebesgeschichten, die dieses Schweigen dokumentieren: Nicht mehr wie die Liebe sich durchsetzt ist ihr Inhalt, sondern wie eine Liebe verlorengeht, bis nur noch die Schwermut übrigbleibt, nicht mehr lieben zu können, die beiden, die sich einst geliebt haben, fallen ins Unbegreifliche zurück, in die Tiefe des kaum mehr Wahrnehmbaren, ins Fiktive endlich. Die Liebe wird zum hoffnungslosen Versuch, sich selbst zu entkommen, sich in einem anderen zu sehen. So hat denn jede Liebesgeschichte, auch die erhabenste, auch die gewöhnlichste, auch die groteskeste, auch die jämmerlichste, etwas Grandioses und Banales zugleich und ist um so trauriger, je banaler sie endet, auch wenn jedermann aufatmet, daß der gute Mann oder die gute Frau oder das gute Mädchen aus ihrer unglücklichen Liebe davongekommen sind: auch wenn die Liebe unglücklich war, war sie eben doch eine Liebe. Der Umstand, daß jede Liebe eine Prüfung vor sich selbst ist, wechselseitig, bei der die Beteiligten durchfallen oder, wenn sie nicht durchfallen, die sie doch nur mit Mühe bestehen, mit Glanz nur die Heiligen, ist nun einmal das Genierlichste und das Beste, was sich vom Menschen sagen läßt: daß der Mensch die Liebe überhaupt wagt, ist sein paradoxer Ruhm. Untersteht aber die Liebe nur sich selbst, so hat ein jeder mit sich selbst auszumachen, wie er vor seiner Liebe bestanden hat, es ist seine Liebe, die ihn richtet oder freispricht, ohne daß von außen, von einem Objektiven her, darüber ein Urteil zu fällen wäre, objektiv ist nur der Grad der Schwierigkeit abzuschätzen, die einer auf sich nimmt, sobald er sich mit der Liebe einläßt; bei etwas klarem Verstand könnte es einem schwindlig werden dabei.

Ist dies so, dann haben Doc und Ann – oder Ann und Doc, wie man will – mit ihrer Liebe auf der armseligen Couch, fünf Stockwerke unter der Erde, keine Chance. Daß sie sich lieben, verlangt zwar die dramatische Konvention, wenn nicht gar Konfektion, stellt aber das wohl Teuflischste dar, was ihnen zustoßen konnte und dann auch zustößt. Die Liebe verlangt nämlich von den beiden, was gerade ihnen unmöglich ist: keine Furcht zu haben, gerade das nicht zu haben, was der geheime Grund ihrer Mitmacherei ist, was die beiden ausmacht. Denn beide sind Mitmacher. Doch im Gegensatz zu Doc will Ann nicht wissen, bei was sie mitmacht, aus Furcht vor der Wahrheit. Sie weiß, daß Boss »ein großes Tier« ist, sie weiß es, seit die fatale Kitty sie mit Boss allein ließ, aber sie hält es für besser, nichts Näheres von ihm zu wissen. Sie läßt sich von ihm aushalten; wie sie sich mit Boss treiben läßt, läßt sie sich später mit Doc treiben, mit Doc, den sie liebt, ohne die Kraft zu haben, sich von Boss zu lösen. Ihre Furcht ist zu groß. Immer ihre Furcht. So verschweigt sie Doc die Wahrheit, sie deutet sie nur an und wird daran zugrunde gehen. Das gleiche tut ihr gegenüber Doc und wird sie deshalb einmal verleugnen. Auch er sagt ihr statt der Wahrheit nur Andeutungen in Form von Allgemeinheiten. Auch aus Furcht. Aus Furcht, sie zu verlieren, wenn sie die Wahrheit wüßte; und aus Furcht, ihn zu verlieren, gibt sie sich zufrieden, wenn er ihr nur Allgemeinheiten, nicht die Wahrheit sagt; und auch er gibt sich mit ihren Andeutungen zufrieden. Als ob die Wahrheit der Feind, nicht der Prüfstein der Liebe wäre. Das gilt für beide. Auf diese Furcht vor der Wahrheit hin ist die Liebesszene zu inszenieren, von dieser Furcht her bezieht die Szene ihre Gänge, ihre Pausen, ihren Rhythmus, die Betonung der Sätze. Ann verschweigt Doc den Boss, deutet ihn nur an, weil eine angedeutete Wahrheit erträglicher ist als eine wirkliche. Und wenn sie sagt, es sei nicht unanständig, Industriediamanten herzustellen, antwortet Doc nicht, er stelle keine Industriediamanten her, sondern löse Leichen auf; er antwortet nur großartig: »Alles ist heute unanständig.« Dieses Ausweichen ins Allgemeine führte zur irrigen Meinung, ich arbeite im *Mitmacher* besonders viel mit Sentenzen; träfe dies zu, dann mit billigen. Was Ann und Doc gemeinsam haben: beide versuchen, sich von ihrem Mitmachen in ein anständiges Leben hinüberzuretten, indem sie weiter mitmachen: Doc, indem er, Teilhaber geworden, noch ein Jahr mitmachen will, um die Zukunft zu sichern; Ann, indem sie, wie Boss später erzählt, sich von ihrem kleinen Rembrandt doch nicht trennen kann. Dialektisch in bezug auf das ›Mitmachen‹: aus etwas Freiwilligem, aus einer Laune beider, wird ein Zwang, eliminierte Freiheit, plötzlich stellen sich Notwendigkeiten ein, die ›an sich‹ noch keine Notwendigkeiten sind, es aber durch die Umstände werden. Die Kausalität eines Stücks stellt sich allmählich ein. Menschen werden in eine Handlung verwickelt. Auf einmal können sie nicht anders. Alles hätte zwar anders gehen können, gewiß, doch indem es geschah, wurde es zum Faktum, zum Schicksal, das nachträglich sichtbar wird, auf den Plan tritt, sich einrichtet. Es setzt sich aus Fakten zusammen, deren jedes aus vielen Möglichkeiten entstanden ist, manchmal zwangsläufig, manchmal zufällig, meist zufällig. Was wir Kausalität im menschlichen Leben, in menschlicher Geschichte nennen oder Gesetzmäßigkeit, ist ein oberflächliches und reichlich bequemes Ordnungsprinzip, nicht mehr; die Tatsachen, die uns nicht passen, all die verpaßten Chancen zum Besseren, die Liebe eben als die Möglichkeit, auszubrechen, ins Freie zu gelangen, wischen wir unter den Teppich, den wir, jämmerlich genug, als Sklaven unserer selbst, in mühevoller Arbeit geknüpft haben.

KURT TUCHOLSKY

Wider die Liebe

Die brave Hausfrau liest im Blättchen
von Lastern selten dustrer Art,
vom Marktpreis fleißiger Erzkokettchen,
vom Lustgreis auch mit Fußsackbart.

Mein Gott, denkt sich die junge Gattin,
mein Gott! welch ein Spektakulum!
»Das schlanke Frauenzimmer hat ihn ...«
Ja was? Sie bringt sich reinweg um.

O Frau! Die Phantasie hat Grenzen,
sie ist so eng – es gibt nicht viel.
Nach wenigen Touren, wenigen Tänzen
ists stets das alte, gleiche Spiel.

Der liebt die Knaben. Dieser Ziegen.
Die will die Männer laut und fett.
Die mag bei Seeoffizieren liegen.
Und der geht nur mit sich ins Bett.

Hausbacken schminkt sich selbst das Laster.
Sieh hin – und Illusionen fliehn.
Es gründen noch die Päderaster
›Verein für Unzucht, Sitz Berlin‹.

Was kann der Mensch denn mit sich machen!
Wie er sich anstellt und verrenkt:
Was Neues kann er nicht entfachen.
Es sind doch stets dieselben Sachen ...
    Geschenkt! Geschenkt!

ELIAS CANETTI

Die Sultansüchtige

Die Sultansüchtige leidet unter dem Verschwinden der Harems. Das waren noch Männer, die von Frauen etwas verstanden, die sich mit ewig derselben nicht zufrieden gaben. Die trauten sich etwas zu, die hatten Feuer im Blut, die sperrten sich nicht ab für ihren Beruf, die waren nicht von ihrem Erwerbstrieb ganz besessen. Man sehe sich doch diese Herren an, die müde von ihrem Geschäft in ihre Einehe nach Hause kehren. Diese Gleichgültigkeit! Diese Langeweile! Diese erbärmliche leere Ruhe! Es ist, als ob Frauen gar nichts wären, Köchinnen oder Mütter. Jede Dienerin, jede Pflegerin könnte an ihre Stelle treten. Was Wunder, daß Frauen denaturieren und gar nicht mehr wissen, wozu sie da sind. Manche entblöden sich nicht, in die Arbeit zu gehen und selbst so zu leben wie ihre Männer: Geschäfte zu machen, fühllos und wichtig und kalt zu werden, abends ebenso müde nach Hause zu kommen; so auszusehen wie ein Mann, seine Hosen zu tragen, seine Sprache zu reden und sich damit zufrieden zu geben, daß sie sich gegen Männer draußen statt gegen Frauen zuhause zu behaupten haben.
Die Sultansüchtige, die von Harems träumt, bedauert den Zustand der Türkei, wo abgeschafft ist, was einmal die Größe des Reiches war. Aus ist es mit den Eroberungen, aus mit der Größe, ein Land wie andere, moderner als früher, aber ach so bescheiden! Solange sie Harems hatten, waren die Türken groß, um sie aufzufüllen, mußten sie Kriege führen, ihre Eroberungen galten alle der Lust auf neue Frauen, wie soll man sie für diese herrliche Unersättlichkeit nicht lieben! Die Augen eines Mannes auf sich zu fühlen, auf den mehrere Hauptfrauen und unzählige Kebsinnen warten! Zu wissen, daß er einen vergleicht, mit diesen anderen, ihm als etwas ganz Besonderes Lust zu machen, vor ihm zu bestehen, – ein Sieg! wie seine Siege auf dem Schlachtfeld! Ihn zu halten, ihm

etwas zu bieten, das keine andere zu bieten hatte! Mit Gift und Eunuchen für die Erhöhung des Sohns arbeiten, ihn in seinem Entschluß bestärken, seine Brüder und Nebenbuhler alle aus der Welt zu schaffen!

Die Sultansüchtige ekelt sich vor einer Welt, in der es nichts mehr wirklich Weibliches zu tun gibt. Soll man ein Filmstar werden und ebensolche Chancen haben wie ein Mann, der genau dasselbe tut wie man selber? Soll man für ein Publikum tanzen? Soll man singen? Was tun Männer heute nicht? Und bloß, um es ihnen gleichzutun, soll man Frau sein? Das einzige, was eine Frau allein kann, ist einen Prinzen zu gebären, der alle anderen Prinzen umbringt und schließlich, wenn er zu alt ist, auch den Sultan.

Die Sultansüchtige richtet sich einen Harem ein, in den sie sich einsperrt. Da bleibt sie nun immer, den verläßt sie nicht. Da kleidet sie sich durchsichtig, wie es der Örtlichkeit ziemt und übt sich, nur für ihn, in intimen Tänzen. Da wartet sie auf den Sultan, der nie kommt und stellt sich vor, daß er auf dem Wege zu ihr ist. Da fände er alles, was er gewöhnt ist und wie es ihm gebührt, da fände er's besser. Da wirft sie sich inbrünstig zu seinen Füßen hin und bittet ihn um seine verruchtesten Wünsche.

THOMAS BERNHARD

Wahre Liebe

Ein Italiener, der in Riva am Gardasee eine Villa besitzt und der von den Zinsen des ihm von seinem Vater hinterlassenen Vermögens sehr gut leben kann, hat, wie *La Stampa* schreibt, die letzten zwölf Jahre mit einer Schaufensterpuppe zusammengelebt. Die Bewohner von Riva berichten, sie hätten an milden Abenden beobachtet, wie der Italiener, der angeblich Kunstgeschichte studiert hat, mit dieser Schaufensterpuppe das unweit seiner Villa gelegene, mit einer Glaskuppel überdachte Luxusboot betreten habe, um mit seiner Schaufensterpuppe auf den See hinauszufahren. Als er vor Jahren einmal in einem an die in Desenzano herausgegebene Zeitung gerichteten Leserbrief als unzüchtig bezeichnet worden ist, habe er bei dem zuständigen Standesamt seine Verehelichung mit der Schaufensterpuppe beantragt, was aber abgelehnt worden ist. Auch die Kirche hat ihm eine Verheiratung mit seiner Schaufensterpuppe verweigert. Im Winter verläßt er regelmäßig gegen Mitte Dezember den Gardasee und fährt mit seiner Geliebten, die er in einem Schaufenster in Paris kennengelernt hat, nach Sizilien, wo er sich immer in dem berühmten Hotel Timeo in Taormina einmietet, um der Kälte zu entkommen, die entgegen allen Beteuerungen auch am Gardasee ab Mitte Dezember jedes Jahr unerträglich ist.

FRANZ KAFKA

Ich saß in der Loge

Ich saß in der Loge, neben mir meine Frau. Es wurde ein aufregendes Stück gespielt, es handelte von Eifersucht, gerade hob in einem strahlenden, von Säulen umgebenen Saal ein Mann den Dolch gegen seine langsam zum Ausgang hin strebende Frau. Gespannt beugte man sich über die Brüstung, ich fühlte an meiner Schläfe das Lockenhaar meiner Frau. Da zuckten wir zurück, etwas bewegte sich auf der Brüstung; was wir für die Samtpolsterung der Brüstung gehalten hatten, war der Rücken eines langen dünnen Mannes, der, genau so schmal wie die Brüstung, bis jetzt bäuchlings da gelegen war und sich jetzt langsam wendete, als suche er eine bequemere Lage. Meine Frau hielt sich zitternd an mich. Ganz nah vor mir war sein Gesicht, schmäler als meine Hand, peinlich rein wie eine Wachsfigur, mit schwarzem Spitzbart. »Warum erschrecken Sie uns?« rief ich, »was treiben Sie hier?« »Entschuldigung!« sagte der Mann, »ich bin ein Verehrer Ihrer Frau; ihre Ellbogen auf meinem Körper fühlen macht mich glücklich.« »Emil, ich bitte dich, schütze mich!« rief meine Frau. »Auch ich heiße Emil«, sagte der Mann, stützte den Kopf auf eine Hand und lag da wie auf einem Ruhebett. »Komm zu mir, süßes Frauchen.« »Sie Lump«, sagte ich, »noch ein Wort und Sie liegen unten im Parterre«, und als sei ich sicher, daß dieses Wort noch kommen werde, wollte ich ihn schon hinunterstoßen, aber das war nicht so einfach, er schien doch fest zur Brüstung zu gehören, er war wie eingebaut, ich wollte ihn wegwälzen, aber es gelang nicht, er lachte nur und sagte: »Laß das, du kleiner Dummer, entkräfte dich nicht vorzeitig, der Kampf beginnt erst und wird allerdings damit enden, daß deine Frau meine Sehnsucht erfüllt.« »Niemals!« rief meine Frau und dann zu mir gewendet: »Also bitte, stoß ihn doch schon hinunter.« »Ich kann es nicht«, rief ich, »du siehst doch, wie ich mich anstrenge, aber es ist hier irgendein Betrug und es geht nicht.« »Oh weh, oh weh«, klagte meine Frau, »was wird aus mir werden.« »Sei ruhig«, sagte ich, »ich bitte dich, durch deine Aufregung machst du es nur ärger, ich habe jetzt einen neuen Plan, ich werde mit meinem Messer hier den Samt aufschneiden und dann das Ganze mit dem Kerl hinunter ausschütten.« Aber nun konnte ich mein Messer nicht finden. »Weißt du nicht, wo ich mein Messer habe?« fragte ich. »Sollte ich es im Mantel gelassen haben?« Fast wollte ich in die Garderobe laufen, da brachte mich meine Frau zur Besinnung. »Jetzt willst du mich allein lassen, Emil«, rief sie. »Aber wenn ich kein Messer habe«, rief ich zurück. »Nimm meines«, sagte sie und suchte mit zitternden Fingern in ihrem Täschchen, aber dann brachte sie natürlich nur ein winziges Perlmuttmesserchen hervor.

JOSEPH ROTH

Erikas Schamgefühl

Gesetzt den Fall, Erika, ein junges Mädchen, säße in der Loge eines Ballsaals mit dem Freunde Varianis – Ihr kennt ihn, den Schauspieler Variani – und wäre gerade in der angenehmen Lage, verführt zu werden. Da tut sich die Logentür auf und herein treten Angela und Variani. Nun »erwacht Erikas Schamgefühl« und »aufs tiefste beleidigt, verläßt sie empört den Saal«.

Diese Erika gibt mir zu denken. Ein verdammt kompliziertes Frauenzimmer! Gut! Ich weiß schon! Ich weiß, daß Erika gewissermaßen nichts dafür kann, daß sie eigentlich von ihrer Freundin Angela mitgenommen wurde. Im Foyer des Ballsaals werden beide – so lese ich – von Variani und seinem Freunde empfangen. Variani und Angela, stelle ich mir vor, gehen inzwischen Gott weiß wohin, um Erika und den Freund in die Loge gelangen zu lassen. Hier – lese ich weiter – »läuft Erika Gefahr, der Versuchung zu unterliegen«. Wären

Variani und Angela dort geblieben, wohin sie gegangen waren, nämlich Gott weiß wo, so würde Erika der Versuchung unterliegen. Aber Angela und Variani kommen, wie schon gesagt, unvermutet an und Erikas »Schamgefühl erwacht«.

Man unterschätze mir nur Schamgefühls Erwachen nicht! Es verursacht vor allem Erikas eilige Heimkehr zum alten Vater, der bereits gebrochen ist, aber »kein Wort des Vorwurfs über die Lippen bringt«. Und veranlaßt ferner die Stiefmutter, Erika, ohne Rücksicht auf die augenblicklich herrschenden klimatischen Verhältnisse – es ist nämlich »Nacht und Nebel« – aus dem Vater- beziehungsweise Stiefmutterhause zu weisen.

Erika gerät auf eine Gartenbank, von da in die Hände der Polizei und des weiteren in eine Fürsorgeanstalt. Aus der Fürsorgeanstalt als Hilfsschwester zu einem Doktor Weigert, der sie schließlich so lieb gewinnt, daß er sich in sie verliebt.

Erikas Schamgefühl hat also, wie jede Tugend, Früchte getragen. Gut! Aber, als es erwachte, wußte es noch nichts von diesen Früchten und es erwachte dennoch.

Gesetzt den Fall, das Schamgefühl hätte weiter geschlafen: Erika und der Freund wären seinem Beispiel gefolgt. Erika wäre vermutlich – bei *der* Gebrochenheit des Vaters – nicht mehr nach Hause gekommen, oder doch zumindest 12 Stunden später und wäre, selbst, wenn sie die Stiefmutter auch dann noch aus dem Hause gewiesen hätte, nicht genötigt, es sich just bei Nacht und Nebel gefallen zu lassen. Sie wäre dann gar nicht auf die Gartenbank und nicht zur Polizei und nicht in die Fürsorgeanstalt und nicht zum Doktor Weigert gekommen. Sondern geradewegs zum Einschläfern ihres Schamgefühls.

Man sieht: der Unterschied ist nicht sehr groß. Das schlafende Schamgefühl hätte in der Art so ziemlich die gleichen Folgen gezeitigt, wie das erwachte.

Dennoch bekümmert mich weniger die Frage nach dem Wozu des Erwachens, als nach seinem Warum. Vor Angela

und Variani brauchtest du nicht zu erwachen, Schamgefühl! Der beiden eigenes Schamgefühl schlummert nämlich konstant.
Sind es gerade die Erikas, deren Schamgefühl so leicht zu wecken ist?

Erika ist eine Tischlerstochter, das Ganze geschieht im Berliner Westen, heißt »Sittenbild« und ich kenne die Begebenheit aus dem Programmheft, das ich vor dem Kinoeingang gefunden habe.
Ich glaube merkwürdigerweise an die innere Wahrheit dieser Begebenheit. Bei den Tischlerstöchtern, den mittellosen Erikas des Berliner Westens erwacht wirklich das Schamgefühl, wenn die bemittelten Angelas des Kurfürstendammes erscheinen.
Das Schamgefühl der Erikas ist natürlich-konventionell; ist ihre Tragik und ihr Schicksal. Es erwacht vor dem sozial Höhergestellten. Aus diesem Schamgefühl heraus »unterliegt sie der Versuchung« und entflieht ins Vaterhaus. Sie ist eine Kleinbürgerstochter und es ist ihr ihre erste Bestimmung, sich zu schämen: wenn sie liebt, wenn sie sich freut. Immer. Sie errötet *wirklich* hold (wie Frau Marlitt sagt) wenn man ihr eine Liebeserklärung macht. Sie vergießt echte Tränen, wenn sie aus dem Vaterhause geht. Sie wartet mit rührender Gewissenhaftigkeit auf die nächtlich-späte Rückkehr ihres gewissenlosen Mannes.
Sie betrügt ihren Mann gelegentlich und empfindet vielleicht ehrlich Reue über den »Fall«. Gebärt sie ein Kind in Zucht und Ehren, kommen Vettern und Gevattern wirklich in Zylindern, auf dem Haupt und in der Seele. Und überhaupt rollt das ernste Leben in feststehenden, durch sehr viele Romane schriftlich bestätigten Formen dahin.

»Kitsch« heißt die technisch nicht unbedingt wertlose, aber (angeblich) verlogene Darstellung der Lebensformen und -möglichkeiten. Ein Roman, in dessen Geschehen das Lesebuch wirkt, heißt Kitschroman. Im Kitsch-Film gelangen Stearintränen zur Anwendung.

Ich weiß aber nicht, ob nicht die echten den Stearintränen nachgebildet sind.

»Kitsch« ist der literarische Ausdruck der gesellschaftlich geltenden Lebensformen und -äußerungen. »Konvention« ist angewandter Kitsch.

Ich sehe Hochzeiten, Leichenfeiern, Maskeraden, Salonröcke, Cutaways, steife Hemden, Rührung aus Tradition, Freude aus Gefälligkeit, Frohsinn aus gesellschaftlichem Zwang, Seelennot aus zwingender Lektüre erwachsen. Deshalb anerkenne ich die Berechtigung des Kitsches.

Warum lernen wir nicht aus der Tatsache? Die Mehrzahl der Menschen findet sich selbst in den schlechten Romanen, daher deren fürchterlich große Auflage. Ich habe im Kino Frauen gesehen, die beim Anblick der Stearintränen der Filmdiva sich in echten überströmten. Die Trauer der weinenden Frauen im Parkett war echt.

Ich habe einmal eine Freilichtaufführung der Goetheschen Iphigenie gesehen, und die Leute aßen dazu Butterbrot. Denn die Iphigenien sind schön erfundene Traummädchen, aber die Erikas wandeln stündlich unter uns und gelegentlich erwacht auch ihr Schamgefühl.

WOLF WONDRATSCHEK

43 Liebesgeschichten

Didi will immer. Olga ist bekannt dafür. Ursel hat schon dreimal Pech gehabt. Heidi macht keinen Hehl daraus.
Bei Elke weiß man nicht genau. Petra zögert. Barbara schweigt.
Andrea hat die Nase voll. Elisabeth rechnet nach. Eva sucht überall. Ute ist einfach zu kompliziert.
Gaby findet keinen. Sylvia findet es prima. Marianne bekommt Anfälle.
Nadine spricht davon. Edith weint dabei. Hannelore lacht darüber. Erika freut sich wie ein Kind. Bei Loni könnte man einen Hut dazwischenwerfen.
Katharina muß man dazu überreden. Ria ist sofort dabei. Brigitte ist tatsächlich eine Überraschung. Angela will nichts davon wissen.
Helga kann es.
Tanja hat Angst. Lisa nimmt alles tragisch. Bei Carola, Anke und Hanna hat es keinen Zweck.
Sabine wartet ab. Mit Ulla ist das so eine Sache. Ilse kann sich erstaunlich beherrschen.
Gretel denkt nicht daran. Vera denkt sich nichts dabei. Für Margot ist es bestimmt nicht einfach.
Christel weiß, was sie will. Camilla kann nicht darauf verzichten. Gundula übertreibt. Nina ziert sich noch. Ariane lehnt es einfach ab. Alexandra ist eben Alexandra.
Vroni ist verrückt danach. Claudia hört auf ihre Eltern.
Didi will immer.

HEIMITO VON DODERER

Das Verhängnis

Sie war noch jung, sie war hübsch und drall, gesund und froh. Nun gut, aber irgend ein Haken wird dabei sein, sonst wäre ja keine Geschichte daraus geworden. Wohlan! Sie war in fester Stellung, bei den Damen ihrer Kundschaft sehr beliebt, sie hatte auch Freude an ihrer Tätigkeit, der sie in modernen, hellen und gelüfteten weißgekachelten Räumen nachging. Nun ja, aber wir wissen doch –. Sie lernte einen jungen Mann kennen, er war ein netter Bursche, ein wohlanständiger Kerl, ebenfalls fix angestellt. Die beiden hatten einander erst zwei- oder dreimal in einem Parke getroffen. Aha! Beim dritten Male fragte er sie anteilnehmend, welchen Beruf sie denn ausübe? »Ich bin Toilettenfrau«, sagte sie, blickte durch einige Sekunden verzweifelt vor sich hin, und fügte, gleichsam entschuldigend, hinzu: »Am Hauptbahnhofe.« »Das geht nicht«, sagte er. Und verließ sie zur selben Stunde.

ALFRED POLGAR

Liebe und dennoch

Er saß auf dem Tabouret zu ihren Füßen und sah der geliebten Frau zu, wie sie eine Birne aß.
Folgendes ging, während sein Blick an ihrem Antlitz hing, in ihm vor (mit der Zeitlupe aufgenommen):
»Es schmeckt ihr. Schön, daß es ihr schmeckt. Wie sie den Bissen kaut und zurechtschiebt unter die leise mahlenden Zähne. Nun ist er praktikabel zum Abstieg, und jetzt gleitet er hinab in den Magen und legt sich dort im Dunkel hin, wird von Säften und Säuren verwandelt, zu Molekülen Agathe. Komisch, daß ich an so etwas denke. Doch ich muß wohl, sonst täte ich's ja nicht. Über Willensfreiheit läßt sich dis-

kutieren, aber eine Willensfreiheit des Denkens gibt es ganz gewiß nicht. Da ist alles zwangsläufig, da fahren wir in Geleisen, und nur wo wir haltmachen und aussteigen wollen, nur das beschließen wir frei. Scheinbar. Wenn sie trinkt, blickt sie mit einem ganz verlorenen, leeren Ausdruck über den Glasrand weg. Sie trinkt wie die Pflanze, wie die Erde. Den kleinen Finger der Hand, die das Glas hält, spreizt sie graziös. Viel zu graziös. Sie hat nun einmal diese leidige Gewohnheit, und zuweilen möchte ich dem kleinen Finger zurufen: Leg' dich! Wenn sie eine Faust macht, hat sie den Daumen in der Faust. Warum mich das so rührt, möcht' ich nur wissen! Aus lauter solchen Winzigkeiten setzt sich Gefühl zusammen und Nicht-Lassen-Können. Sonderbar, daß die Menschen sich nicht schämen, voreinander zu essen. Ganz ungeniert machen sie ihren Gesichtsspalt auf und schütten mit Hilfe von Gerätschaften Verschiedenes hinein. Höchst lächerlich ist das anzusehen. Ein Leben ohne sie ... der Gedanke schon schafft Atemnot. Aber meine Freiheit! Ohne Last von Schuld Gefühl empfangen und verschenken dürfen. Kürzlich die bezaubernde, schmalfüßige Nachbarin in der Straßenbahn! Und das kleine Ding in der Pariser Kneipe, mit dem Spitznamen: moineau, so furchtbar betrunken und so vollkommen anmutig dabei! Mußte man es nicht lieb haben? ›Und so ein schmutziges Gassenmädchen könntest du ...?‹ sagte sie damals und wurde sauer. Wie der Götze der Gewißheit, schlingend das Opfer von tausend Möglichkeiten, lebt sie über mein Leben.«

Indem er solches dachte, fürchtete er, die Gedanken könnten sich verräterisch in seinem Antlitz spiegeln. Er verbarg es in ihrem Schoß.

Sie strich ihm übers Haar. Während sie so tat, ging folgendes in ihr vor (mit der Zeitlupe aufgenommen):

»Ein bißchen fettig rührt es sich an. Aber er hat recht, es so zu behandeln, denn Fett konserviert die Haare, und wenn schon grau, dann wenigstens keine Glatze. Liebes Haupt! Wie gern habe ich deine schöne Form. Der griechische Arzt

letzthin auf dem Dampfer hatte eine ähnliche Kopfform. Und tanzte wie ein Engel. Xenophon Pagopulos. Komisch muß das sein, mit einem Mann im Bett zu liegen, der Xenophon heißt. Wie ruft man ihn? Xeni? Ach was, ein Name klingt, wie man ihn fühlt. ›Albert‹ ist doch gewiß kein Nest für Zärtlichkeiten, und doch kann ich den Namen nicht denken, ohne weich zu werden. Merkwürdig fremd und leblos ist so ein Nacken. Wie ein Stück toter Schale. Auch die Partie hinterm Ohr ist unheimlich leer. Kein Ausdruck dringt dort hin. Pagopulos' Ohren liegen ganz enge am Kopf, wie aus dem Schädel herausmodelliert. Er hat den sinnlichsten Mund, und... wär' ich's imstande? Nein, dazu habe ich Albert zu lieb. Glaube ich zumindest. So verrinnt das Leben, und immer habe ich Albert zu lieb. Ach Gott! Unsere Neigung... seltsames Wort: Neigung. Wir sind zueinander geneigt wie zwei Karten, die ein Dach bilden. Keine kann aus ihrer Position, ohne umzufallen und die andere zu Fall zu bringen. Manchmal glaube ich, er hat mich gar nicht mehr gern. Das würde ich nicht ertragen. Ein bißchen zuviel Brillantine tut er ins Haar, und mein blaues Kleid ist sehr heikel. Gemein, daß ich an so etwas denke. Was hat der Mensch doch in sich für Tiefen voll Erbärmlichkeiten.«
Hernach gingen sie miteinander zu Bett, Xenophon Pagopulos mit moineau von der Pariser Kneipe.

WILHELM BUSCH

Rieke

Rieke näht auf die Maschine,
Nischke war bei's Militär,
Dennoch aber ließ sie ihne
Niemals nahe bei sich her.
Radibum, bum, bum, bum, bum!

»Wozu«, sprach sie oft verächtlich,
»Dienet nur denn das Soldat?
Wo man doch durch ihn hauptsächlich
So viel hohe Steuern hat!«
Radibum, bum, bum, bum, bum!

Einstmals ging sie nach dem Holze,
Nischke wollte gerne mit;
Aber nein, partout nicht wollt'se,
Daß er ihr dahin beglitt.
Radibum, bum, bum, bum, bum!

Plötzlich stürzt aus dem Gebüsche
Auf ihr zu ein alter Strolch,
Stiere Augen wie die Fische,
Kalte Hände wie der Molch!
Radibum, bum, bum, bum, bum!

»Runter«, schreit er, »mit die Kleider,
Denn sie lebt im Überfluß,
Und ich ein Fabrikarbeiter,
Der sich was verdienen muß!«
Radibum, bum, bum, bum, bum!

Weinend fallen Rock und Jäckchen,
Zitternd löst sich die Turnür',
Nur ein kurzes Unterröckchen
Schützt vor Scham und Kälte ihr.
Radibum, bum, bum, bum, bum!

Bautz! da fällt ein Schuß von Schroten,
Fluchend läuft der Vagabund
Mit zerfetztem Hosenboden
In des Waldes Hintergrund.
Radibum, bum, bum, bum, bum!

Das tat Nischke, der trotz allem
Rieken heimlich nachgeschleicht,
Die sich unter Dankeslallen
Jetzt an seinem Hals verzweigt.
Radibum, bum, bum, bum, bum!

Drum, ihr Mädchen, laßt euch raten:
Ehrt und liebet den Soldat,
Weil er sonst von seinen Taten
Nicht viel zu verzehren hat!
Radibum, bum, bum, bum, bum!

FRANK WEDEKIND

Ilse

Ich war ein Kind von fünfzehn Jahren,
Ein reines unschuldsvolles Kind,
Als ich zum erstenmal erfahren,
Wie süß der Liebe Freuden sind.

Er nahm mich um den Leib und lachte
Und flüsterte: O welch ein Glück!
Und dabei bog er sachte, sachte
Den Kopf mir auf das Pfühl zurück.

Seit jenem Tag lieb ich sie alle,
Des Lebens schönster Lenz ist mein;
Und wenn ich keinem mehr gefalle,
Dann will ich gern begraben sein.

ALBERT PARIS GÜTERSLOH

Angéle Lutin heißt jenes Mädchen

Angéle Lutin heißt jenes Mädchen, das eben einen Mann geheiratet hat, der einmal sein Vater hätte werden sollen. Und das nun beinahe die eigene Mutter geworden ist. Die dieses Kind geboren hat, um auf die Nachwelt zu kommen, und so vielleicht doch noch zu dem Geliebten. Wer hat da nun über wen gesiegt? Die Mutter in der Tochter über diese oder die Tochter über jene, allerdings nicht ohne ihre Hilfe? Denn so ähnlich haben einander zwei Wesen selten gesehen wie Angéle und die Frau, deren Schönheit und deren – Liebe sie geerbt hat. Wahrlich ein seltener und komplizierter Fall! Würdig der Betrachtung unter jener Lupe, die das Zeitliche zum Bleibenden vergrößert. Denn er zeigt an einem sprichwörtlichen Zufall des uralten Sündenfalles eine Gesetzlichkeit auf, die den am tiefsten trösten wird, der in des Eros Labyrinthe am meisten irrt: weil sie den Ariadnefaden eines Sinnes ihm in die zu Fluch wie zu Anbetung ganz gleich gereckten Hände drückt. Kein Wunder auch in so abgründiger Geschichte, die den romantischen Goldboden des von Gott so herrlich geplanten Menschenbildes heraufschimmern läßt, daß sie in einem Atelier beginnt, sich zu ereignen. Ja wenn es drauf und dran geht, drunter und drüber, um alles oder nichts, haben doch immer wieder – wie es scheint – die Dichter und Maler ihre Hände im Spiel, leer zwar aller irdischen Gaben, aber weiß vom Mörtel der Schöpfung. Kurz: in einer Pariser Ausstellung sieht der Colonel Bruijére, der vor den Verhängnissen der Liebe einst in die Tropen geflohen ist, das äffisch getreue Konterfei der noch immer begehrten Frau. Es tritt aus seinem Rahmen, wie vor vielen Jahren das Urbild aus dem Leben dieses Mannes getreten war. Ein Blick nach der Signatur, in den Katalog: und schon rast ein eisgrauer Offizier zu dem unbekannten Künstler (der einen ahnungslosen Pinsel an den ganzen Inhalt eines fremden Lebens gesetzt hat) und durch die Zeit. Denn in solchen Augenblicken verwechselt man in schönem Wahnsinn jene Unsterblichkeit, die der Genius verleiht, mit dem unmöglichen Wunder einer fast ewigen Jugend. So kommt es, wie es kommen muß. Schon längst birgt, selbstverständlich, das Grab den geliebten Menschen und der Maler nennt so gern als gleichgültig den Namen eines sehr lebendigen Modells, das bei ihm wie bei Kollegen aus und ein geht. Aber, beim Himmel, es ist derselbe Name. Und er bezeichnet, geflüstert, angerufen, vom Gipfel des Montmartre über das unter ähnlichen Alpträumen schwer atmende Pàris hinweggestöhnt, dieselbe Person. Nun haben sie einander geheiratet: die verjüngte Mutter den gealterten Vater, ein blühendes Mädchen einen verdorrenden Mann. Erhabene Blindheit, womit ihren besonderen Lieblingen Aphrodite das Aug' sehrt! Verehrungswürdige Fiktion, welche Leben schenkt aus Graburnen! O herrliche Luftschlösser, in die ein neuvermähltes, ungleiches Paar zieht! Von Schatten einstiger Lakaien bedient, vergangene Sommer durchreitend auf Pferden, die längst ihren Schlächter gefunden haben, Hand in Hand durch hohe Wiesen watend, auf denen sich die Zinspaläste erheben, in deren einem der Schreiber dieses wohnt!

THEODOR KRAMER

Wer läutet draußen an der Tür?

Wer läutet draußen an der Tür,
kaum daß es sich erhellt?
Ich geh schon, Schatz. Der Bub hat nur
die Semmeln hingestellt.

Wer läutet draußen an der Tür?
Bleib nur; ich geh, mein Kind.
Es war ein Mann, der fragte an
beim Nachbar, wer wir sind.

Wer läutet draußen an der Tür?
Laß ruhig die Wanne voll.
Die Post war da; der Brief ist nicht
dabei, der kommen soll.

Wer läutet draußen an der Tür?
Leg du die Betten aus.
Der Hausbesorger war's; wir solln
am Ersten aus dem Haus.

Wer läutet draußen an der Tür?
Die Fuchsien blühn so nah.
Pack, Liebste, mir mein Waschzeug ein
und wein nicht: sie sind da.

ALEXANDER KLUGE

Ein Liebesversuch

Als das billigste Mittel, in den Lagern Massensterilisationen durchzuführen, erschien 1943 Röntgenbestrahlung. Zweifelhaft war, ob die so erzielte Unfruchtbarkeit nachhaltig war. Wir führten einen männlichen und einen weiblichen Gefangenen zu einem Versuch zusammen. Der dafür vorgesehene Raum war größer als die meisten anderen Zellen, er wurde mit Teppichen der Lagerleitung ausgelegt. Die Hoffnung, daß die Gefangenen in ihrer hochzeitlich ausgestalteten Zelle dem Versuch Genüge leisteten, erfüllte sich nicht.
Wußten sie von der erfolgten Sterilisation?

Das war nicht anzunehmen. Die beiden Gefangenen setzten sich in verschiedene Ecken des dielengedeckten und teppichbelegten Raumes. Es war durch das Bullauge, das der Beobachtung von außen diente, nicht zu erkennen, ob sie seit der Zusammenführung miteinander gesprochen hatten. Sie führten jedenfalls keine Gespräche.

Diese Passivität war deshalb besonders unangenehm, weil hochgestellte Gäste sich zur Beobachtung des Versuchs angesagt hatten; um den Fortgang des Experiments zu beschleunigen, befahl der Standortarzt und Leiter des Versuchs, den beiden Gefangenen die Kleider fortzunehmen.

Schämten sich die Versuchspersonen?
Man kann nicht sagen, daß die Versuchspersonen sich schämten. Sie blieben im wesentlichen auch ohne ihre Kleidung in den bis dahin eingenommenen Positionen, sie schienen zu schlafen. Wir wollen sie ein bißchen aufwecken, sagte der Leiter des Versuchs. Es wurden Schallplatten herbeigeholt. Durch das Bullauge war zu sehen, daß beide Gefangenen auf die Musik zunächst reagierten. Wenig später verfielen sie aber

wieder in ihren apathischen Zustand. Für den Versuch war es wichtig, daß die Versuchspersonen endlich mit dem Versuch begannen, da nur so mit Sicherheit festgestellt werden konnte, ob die unauffällig erzeugte Unfruchtbarkeit bei den behandelten Personen auch über längere Zeitabschnitte hin wirksam blieb. Die am Versuch beteiligten Mannschaften warteten in den Gängen des Schlosses, einige Meter von der Zellentür entfernt. Sie verhielten sich im wesentlichen ruhig. Sie hatten Weisung, sich nur flüsternd miteinander zu verständigen. Ein Beobachter verfolgte den Verlauf des Geschehens im Innenraum. So sollten die beiden Gefangenen in dem Glauben gewiegt werden, sie seien jetzt allein.
Trotzdem kam in der Zelle keine erotische Spannung auf. Fast glaubten die Verantwortlichen, man hätte einen kleineren Raum wählen sollen. Die Versuchspersonen selbst waren sorgfältig ausgesucht. Nach den Akten mußten die beiden Versuchspersonen erhebliches erotisches Interesse aneinander empfinden.

Woher wußte man das?
J., Tochter eines Braunschweiger Regierungsrates, Jahrgang 1915, also etwa 28 Jahre, mit arischem Ehemann, Abitur, Studium der Kunstgeschichte, galt in der niedersächsischen Kleinstadt G. als unzertrennlich von der männlichen Versuchsperson, einem gewissen P., Jahrgang 1900, ohne Beruf. Wegen P. gab die J. den rettenden Ehemann auf. Sie folgte ihrem Liebhaber nach Prag, später nach Paris. 1938 gelang es, den P. auf Reichsgebiet zu verhaften. Einige Tage später erschien auf der Suche nach P. die J. auf Reichsgebiet und wurde ebenfalls verhaftet. Im Gefängnis und später im Lager versuchten die beiden mehrfach, zueinanderzukommen. Insofern unsere Enttäuschung: jetzt durften sie endlich, und jetzt wollten sie nicht.

Waren die Versuchspersonen nicht willig?
Grundsätzlich waren sie gehorsam. Ich möchte also sagen: willig.

Waren die Gefangenen gut ernährt?
Schon längere Zeit vor Beginn des Versuchs waren die in Aussicht genommenen Versuchspersonen besonders gut ernährt worden. Nun lagen sie bereits zwei Tage im gleichen Raum, ohne daß Annäherungsversuche festzustellen waren. Wir gaben ihnen Eiweißgallert aus Eiern zu trinken, die Gefangenen nahmen das Eiweiß gierig auf. Oberscharführer Wilhelm ließ die beiden aus Gartenschläuchen anspritzen, anschließend wurden sie wieder, frierend, in das Dielenzimmer geführt, aber auch das Wärmebedürfnis führte sie nicht zueinander.
Fürchteten sie die Freigeisterei, der sie sich ausgesetzt sahen? Glaubten sie, dies wäre eine Prüfung, bei der sie ihre Moralität zu erweisen hätten? Lag das Unglück des Lagers wie eine hohe Wand zwischen ihnen?

Wußten sie, daß im Falle einer Schwängerung beide Körper seziert und untersucht würden?
Daß die Versuchspersonen das wußten oder auch nur ahnten, ist unwahrscheinlich. Von der Lagerleitung wurden ihnen wiederholt positive Zusicherungen für den Überlebensfall gemacht. Ich glaube, sie wollten nicht. Zur Enttäuschung des eigens herangereisten Obergruppenführers A. Zerbst und seiner Begleitung ließ sich das Experiment nicht durchführen, da alle Mittel, auch die gewaltsamen, nicht zu einem positiven Versuchsausgang führten. Wir preßten ihre Leiber aneinander, hielten sie unter langsamer Erwärmung in Hautnähe aneinander, bestrichen sie mit Alkohol und gaben den Personen Alkohol, Rotwein mit Ei, auch Fleisch zu essen und Champus zu trinken, wir korrigierten die Beleuchtung, nichts davon führte jedoch zur Erregung.

Hat man denn alles versucht?
Ich kann garantieren, daß alles versucht worden ist. Wir hatten einen Oberscharführer unter uns, der etwas davon verstand. Er versuchte nach und nach alles, was sonst tot-

sicher wirkt. Wir konnten schließlich nicht selbst hineingehen und unser Glück versuchen, weil das Rassenschande gewesen wäre. Nichts von den Mitteln, die versucht wurden, führte zur Erregung.

Wurden wir selbst erregt?
Jedenfalls eher als die beiden im Raum; wenigstens sah es so aus. Andererseits wäre uns das verboten gewesen. Infolgedessen glaube ich nicht, daß wir erregt waren. Vielleicht aufgeregt, da die Sache nicht klappte.

Will ich liebend Dir gehören,
kommst Du zu mir heute Nacht?

Es gab keine Möglichkeit, die Versuchspersonen zu einer eindeutigen Reaktion zu gewinnen, und so wurde der Versuch ergebnislos abgebrochen. Später wurde er mit anderen Personen wieder aufgenommen.

Was geschah mit den Versuchspersonen?
Die widerspenstigen Versuchspersonen wurden erschossen.

Soll das besagen, daß an einem bestimmten Punkt des Unglücks Liebe nicht mehr zu bewerkstelligen ist?

WOLFGANG BORCHERT

Vielleicht hat sie ein rosa Hemd

Die beiden saßen auf dem Brückengeländer. Ihre Hosen waren dünn und das Brückengeländer war eisig. Aber da gewöhnte man sich dran. Auch daß es so drückte. Sie saßen da. Es regnete, es regnete nicht, es regnete. Sie saßen und hielten Parade ab. Und weil sie einen Krieg lang nur Männer gesehen hatten, sahen sie jetzt nur Mädchen.

Eine ging vorbei.

Hat einen ganz schönen Balkon. Kann man auf Kaffee trinken, sagte Timm.

Und wenn sie so lange in der Sonne rumläuft, wird die Milch sauer, grinste der andere.

Dann kam noch eine.

Steinzeit, resignierte der neben Timm.

Alles voll Spinngewebe, sagte der.

Dann kamen Männer. Die kamen ohne Kommentar davon. Schlosserlehrlinge, Büroangestellte mit weißer Haut, Volksschullehrer mit genialen Gesichtern und schäbigen Hosen, dicke Männer mit dicken Beinen, Asthmatiker und Straßenbahner mit Feldwebelschritt.

Und dann kam sie. Sie war ganz anders. Man hatte das Gefühl, sie müsse nach Pfirsich riechen. Oder nach ganz sauberer Haut. Sicher hatte sie auch einen ganz besonderen Namen: Evelyne – oder so. Dann war sie vorbei. Die beiden sahen hinterher.

Vielleicht hat sie ein rosa Hemd, meinte Timm dann.

Warum, sagte der andere.

Doch, antwortete Timm, die so sind, die haben meistens ein rosa Hemd.

Blöde, sagte der andere, sie kann ebensogut ein blaues haben.

Kann sie eben nicht, du, kann sie eben nicht. Solche die haben rosane. Das weiß ich ganz genau, mein Lieber. Timm wurde ganz laut, als er das sagte.

Da sagte der neben ihm: Du kennst wohl eine?
Timm sagte nichts. Sie saßen da und das Brückengeländer war eisig durch die dünnen Hosen. Da sagte Timm:
Nein, ich nicht. Aber ich kannte mal einen, der hatte eine mitn rosa Hemd. Beim Kommiß. In Rußland. In seiner Brieftasche hatte er immer son Stück rosa Zeug. Aber das ließ er nie sehen. Aber einen Tag fiel es auf die Erde. Da haben es alle gesehen. Aber gesagt hat er nichts. Nur angelaufen ist er. Wie das Stück Zeug. Ganz rosa. Abends hat er mir dann erzählt, das hätte er von seiner Braut. Als Talisman, weißt du. Sie hat nämlich lauter rosa Hemden, hat er gesagt. Und davon ist es.
Timm hörte auf.
Na und? fragte der andere.
Da sagte Timm ganz leise: Ich hab es ihm weggenommen. Und dann hab ich es hochgehalten. Und wir haben alle gelacht. Mindestens eine halbe Stunde haben wir gelacht. Und was die für Dinger gesagt haben, kannst du dir denken.
Und da? fragte der neben Timm.
Timm sah auf seine Knie. Er hat es weggeworfen, sagte er. Und dann sah Timm den andern an: Ja, sagte er, er hat es weggeworfen, und dann hat es ihn erwischt. Am nächsten Tag hat es ihn schon erwischt.
Sie sagten beide nichts. Saßen da so und sagten nichts. Aber dann sagte der andere: Blödsinn. Und er sagte es noch einmal. Blödsinn, sagte er.
Ja, ich weiß, sagte Timm. Natürlich ist es Blödsinn. Das ist ja ganz klar. Das weiß ich auch. Und dann sagte er noch: Aber komisch ist es, weißt du, komisch ist es doch.
Und Timm lachte. Sie lachten alle beide. Und Timm machte eine Faust in der Hosentasche. Dabei zerdrückte er etwas. Ein kleines Stück rosa Stoff. Viel rosa war da nicht mehr dran, denn er hatte es schon lange in der Tasche. Aber es war noch rosa. Er hatte es aus Rußland mitgebracht.

ELISABETH LANGGÄSSER

Die getreue Antigone

Das Grab lag zwischen den Schrebergärten, ein schmaler Weg lief daran vorbei und erweiterte sich an dieser Stelle wie ein versandetes Flußbett, das eine Insel umschließt. Das Holzkreuz fing schon an zu verwittern; seine Buchstaben R. I. P. waren vom Regen verwaschen, der Stahlhelm saß schief darüber und war wie ein Grinsen, mit welchem der Tod noch immer Wache hielt. Gießkanne, Harke und Rechen lagen an seiner Seite, das Mädchen Carola stellte den Spankorb mit den Stiefmütterchenpflanzen, die es ringsherum einsetzen wollte, ab und wandte sich zu seinem Begleiter, der ihr gelangweilt zusah und unter der vorgehaltenen Hand das Streichholz anrätschte, um seine Camel im Mundwinkel anzuzünden.

Kein Lüftchen. Der Frühling, an Frische verlierend, ging schon über in die Verheißung des Sommers, der Flieder verblühte, die einzelnen Nägelchen bräunten und begannen, sich aus Purpur und Lila in die Farbe des Fruchtstandes zu verwandeln, der Rotdorn schäumte gewalttätig auf, die Tulpenstengel, lang ausgewachsen, trugen die Form ihrer Urne nur noch diesen Tag und den nächsten – dann war auch das vorbei. Eine häßliche alte Vase und zwei kleine Tonschalen dienten dazu, den Blumenschmuck aufzunehmen – jetzt waren Maiglöckchen an der Reihe, Narzissen, die einen kränklichen Eindruck machten, und Weißdorn, der das Gefühl einer Fülle und Üppigkeit zu erwecken suchte, die zu dem unangenehmen Geruch seiner kleinen, kurzlebigen Blüten in seltsamem Gegensatz stand.

»Wenn der Rot- und Weißdorn vorüber ist, kommt eine Zeitlang gar nichts«, sagte Carola, bückte sich und leerte das schmutzige Wasser aus beiden Schalen aus, füllte sie wieder mit frischem Wasser und seufzte vor sich hin.

»Rosen«, sagte der junge Bursche. »Aber die sind noch nicht da. Du hast recht: dazwischen kommt gar nichts. Ein paar

Ziersträucher höchstens, rosa und gelbe, aber die Zweige müßte man abreißen, wo man sie findet –«, er blinzelte zu ihr hin.

»Nein«, sagte sie rasch.

»Nicht abreißen? Nein? Dann muß der da unten warten, bis wieder Rosen blühen.« Er lachte roh und verlegen auf; das Mädchen begann das Grab zu säubern, die herabgefallenen Blütchen sorgfältig aufzulesen und die Seitenwände des schmalen Hügels mit Harke und Händen gegen den Wegrand genauer abzugrenzen. (So hat sie wohl schon als kleines Mädchen auf dem Puppenherd für ihre Ella und Edeltraut Reisbrei gekocht, Pudding und solches Zeug, schoß es ihm durch den Sinn.) Wieder mußte er lachen; sie blickte mißtrauisch auf und unterbrach ihr Hantieren; wirklich war es, als ob auf dem Grab, das die Weißdornblüten bedeckten, Zucker verschüttet wäre, oder spielende Kinder hätten vergessen, ihr Puppengeschirr, als die Mutter sie rief, mit in das Haus zu nehmen.

»Gib den Korb mit den Pflanzen her«, sagte Carola. »Ich will sie jetzt einsetzen. Auch den Stock, um die Löcher in die Erde zu machen, immer in gleichem Abstand –«, sie war vor Eifer ganz rot.

»Hol ihn dir selber«, sagte der Bursche und drückte an einem morschen Pfahl die Zigarette aus. »Ein Blödsinn, was du da treibst.«

»Was ich treibe?«

»Na dieses Getue um das Soldatengrab. Immer bist du hierhergelaufen. September, Oktober: mit Vogelbeeren; November, Dezember: mit Stechpalmen, Tannen; hernach mit Schneeglöckchen, Krokus und Zilla. Und das alles für einen Fremden, von dem du nicht einmal weißt –.«

»Was weiß ich nicht?«

»Was er für einer war.«

»Jetzt ist er tot.«

»Vielleicht ein SS-Kerl.«

»Vielleicht.«

»Ja, schämst du dich eigentlich nicht?« brauste der Bursche auf. »Deinen ältesten Bruder haben die Schufte in Mauthausen umgebracht. Wahrscheinlich hat man ihn –.«
»Sei doch still!« Sie hielt sich mit verzweifeltem Ausdruck die Hände an die Ohren; er packte sie an den Handgelenken und riß sie ihr herunter, sie wehrte sich, keuchte, ihre Gesichter waren einander ganz nahe, plötzlich ließ er sie los.
»Tu, was du willst. Es ist mir egal. Aber ich bin es satt. Adjö –.«
»Du gehst nicht!«
»Warum nicht? Du hast ja Gesellschaft. Ich suche mir andere.«
»Die kenne ich«, sagte das Mädchen erbittert. »Die von dem Schwarzen Markt.«
»Und wenn schon? Der Schwarze Markt ist nicht schlimmer als deine Geisterparade. Gespenster wie dieser da ... Würmer und Maden.« Er deutete mit dem Kopf nach dem Grab, das nun, vielleicht weil Harke und Rechen, während sie beide rangen, quer darüber gefallen waren, einen verstörten Eindruck machte und ein Bild der Verlassenheit bot.
»Komm«, sagte der Bursche besänftigt. »Ich habe Schokolade.«
»Die kannst du behalten.«
»Und Strümpfe.« Schweigen. »Und eine Flasche Likör.«
»Warum lügst du?« fragte das Mädchen kalt.
»Nun, wenn du weißt, daß ich lüge«, sagte der Bursche gelassen, »kann ich ja aufhören. Oder meinst du, das Lügen macht mir Spaß?«
»Dann lügst du also aus Traurigkeit«, sagte Carola kurz.
Sie schwiegen, die Nachmittagssonne brannte, in der Luft war ein Flimmern wie sonst nur im Sommer, ein flüchtiges Blitzen, der leise Schrei und das geängstigte Seufzen der mütterlichen Natur. Ein Stück niedergebrochenen Gartenzauns lag am Wegrand, sie setzten sich beide wie auf Verabredung nieder, der junge Mann zog Carola an sich und legte wie ein verlaufener Hund den Kopf in ihren Schoß. Sie saß

sehr gerade und starrte mit aufgerissenen Augen nach dem Soldatengrab...

»Glaubst du wirklich, daß Clemens so qualvoll –?« fragte Carola leise. »In dem Steinbruch oder...«

»Ich weiß es nicht. Laß doch. Quäle dich nicht«, murmelte er wie im Schlaf. »Für Clemens ist es vorbei.«

»Ja«, sagte sie mechanisch, »für Clemens ist es vorbei.« Sie nickte ein paarmal mit dem Kopf und fing dann von neuem an. »Aber man möchte doch wissen.«

»Was – wissen?«

»Ob er jetzt Frieden hat«, sagte sie, halb erstickt.

»Da kannst du ganz ruhig sein. Du weißt doch, wofür er gestorben ist.«

»Ich weiß es. Aber siehst du, als Kind konnte ich schon nicht schlafen, wenn mein Spielzeug im Hof geblieben war; das Holzpferd oder der Puppenjunge. Wenn es Regen gibt! Wenn er allein ist und hat Angst vor der Dunkelheit, dachte ich. Verstehst du mich denn nicht?«

Er gab keine Antwort, Carola schien sie auch nicht zu erwarten, sondern richtete ihre Frage an einen ganz anderen. »Ist das Sterben schwer? Du kannst es mir sagen. Der Augenblick, wo sich die Seele losreißt von allem, was sie hat?«

Nun bewegte sich doch noch ein leiser Wind und hob die äußersten Enden der Weißdornzweige empor; die schräge fallenden Sonnenstrahlen wanderten über den Stahlhelm und entzündeten auf der erblindeten Fläche einen winzigen Funken von Licht.

»Liegst du gut?«

Der junge Mann warf den Kopf wie im Traum auf ihrem Schoß hin und her; sein verfinstertes junges Gesicht mit den Linien der unbarmherzigen Jahre entspannte sich unter den streichelnden Händen, die seine widerspenstigen Strähnen langsam und zart zu glätten versuchten und über die Stirn zu den Schläfen und von da aus über die Wangen gingen... die Lippen, die ihre kühlen Finger mit einem leise saugenden Kuß festzuhalten versuchten... bis die Finger endlich, selber beruhigt, in der Halsgrube liegenblieben, wo mit gleichmäßig starken Schlägen die lebendige Schlagader pochte.

»Ich liege gut«, gab der junge Mann mit entfernter Stimme zurück. »Ich möchte immer so liegen. Immer...« Er seufzte und flüsterte etwas, das Carola, weil er dabei den Mund auf ihre Hände preßte, nicht verstand; doch sie fragte auch nicht darnach.

Nach einer Weile sagte das Mädchen: »Ich muß jetzt weiter machen. Die Mutter kommt bald nach Haus. Übrigens, daß ich es nicht vergesse: der Kuratus hat gestern nach dir gefragt. Es ist jetzt großer Mangel an älteren Ministranten, besonders bei Hochämtern, weißt du, an hohen Festen, und so. Ob du nicht –?«

»Nein. Ich will nicht.« Der Bursche verzog seinen Mund.» ... die Kleinen können den Text nicht behalten, sie lernen schlecht und sind unzuverlässig«, fuhr sie unbeirrt und beharrlich fort. »Bei dem Requiem neulich –.«

Sie stockte. Dicht vor beiden flog ein Zitronenfalter mit probenden Flügelschlägen vorbei und ließ sich vertrauensvoll und erschöpft auf dem Korb mit den Pflänzchen nieder.

»Meinetwegen«, sagte der Bursche. »Nein: deinetwegen«, verbesserte er. »Damit du Ruhe hast«, fügte er noch hinzu.

»Damit er... Ruhe hat«, sagte sie und griff nach dem Pflanzenkorb.

REINER KUNZE

Mein Freund, ein Dichter der Liebe

Er ist einer der Couragiertesten zwischen March und Moldau, ein Tabu-Brecher, ein Dogmen zersetzender Ironiker: Er hatte das Frühjahr 68 mit herbeigeschrieben.
»Morgens gegen drei steht eine Fau hinter der Tür und ruft meinen Namen, und gerade diese Nacht ist Alena bei mir«, sagte er. Mit Alena ist er verheiratet. Sie wohnten nicht in Prag. Er arbeitete hier nur und hatte hier ein Zimmer. »Du weißt doch, wie eifersüchtig Alena ist«, sagte er. »Zum Glück hat sie einen kindlichen Schlaf. – Die draußen wartet, und ich überlege, wer das sein kann: Jana? Evička?... Dáša?? Dáša hatte ich erst vor ein paar Tagen kennengelernt. Auch ein herrliches Mädchen! Aber wenn du mit einer ein Mal geschlafen hast, erkennst du sie noch nicht gleich an der Stimme. Sie ruft wieder, klopft. Jetzt regt sich auch Alena. Ich lege ihr die Hand auf den Mund und sage, sie soll sich nicht rühren, wahrscheinlich ist das jemand, dem sie die Bar zugemacht haben, und der weitertrinken will. Dann höre ich, wie sie draußen weggeht... Halb sieben klopft es wieder. Dieselbe Stimme. – Ich gehe aufmachen, sagt Alena. – So kannst du doch nicht, sage ich und versuche, sie davon abzubringen. – Ich bin aber neugierig, sagt sie und nimmt sich den Morgenmantel. Als ich sehe, daß die Katastrophe nicht mehr abzuwenden ist, verziehe ich mich ins Bad. Alena kommt zurück, blaß. Prag ist besetzt, sagt sie, auf dem Wenzelsplatz stehen sowjetische Panzer. – Junge, wenn du wüßtest, was da in mir vorging: War ich froh, als es nur die Panzer waren.«

MAX DAUTHENDEY

Die Raben schreien

Die Raben schreien wie verwundet
und prophezeien Nacht und Not.
Der Frost hat jede Tür umstellt
und der Hungerhund bellt.
Wir halten uns immer enger umschlungen,
im Küssen fanden wir noch kein Wort,
die Lerchen haben sich tot gesungen,
und Wolken wälzten den Sommer fort.
Doch dein Haupt, das in meinem Arm sich wiegt,
weiß nicht mehr, wo die Erde liegt.

ELSE LASKER-SCHÜLER

Komm zu mir in der Nacht

Komm zu mir in der Nacht
auf Siebensternenschuhen
Und Liebe eingehüllt spät
in mein Zelt.
Es steigen Monde aus verstaubten
Himmelstruhen.

Wir wollen wie zwei seltene Tiere
liebesruhen
Im hohen Rohre hinter dieser Welt.

ELFRIEDE GERSTL

Ingroup-Liebe

I brauch kan Herzinfarkt
I brauch kan Tripper
I brauch nur eine Krankheit auf der Welt
und die bist du

ich schau in die Küche
ich schau aufs Klo
ich finde dich leider nirgendwo
ich sperr die Tür zu und geh ins Hawelka
der Eduard sagt du warst noch nicht da
auch in der Wunderbar bist nicht zum sehn
im Kleinen seh ich dich auch nicht stehn
wannst wenigstens beim Hansi warst beim Franzi
oder beim Klaus

gut das kenn i da kenn i mi aus
du wirst doch net mit an fremden Menschen von der
Gassen

du weißt wie wir die alle hassen
in a normales Lokal gegangen sein
also nein also nein

i brauch kan Herzinfarkt
i brauch kan Tripper
i brauch nur eine Krankheit auf der Welt
und die bist du

HUBERT FICHTE

Doppelanekdote

Man kann auf jede heftige Reaktion verzichten, wie derjenige, welcher den beiden zuruft: »Habt ihr meinen Brief nicht erhalten?« – oder wie der andre, welcher – in der Tür stehend – äußert: »Sie ziehen sich an und du schämst dich«. Es gibt noch andre Möglichkeiten, darauf zu reagieren. Es gibt historisierende, rein umweltbedingte und zeitungebundene – beispielsweise die Herausforderung zum Faustkampf. Beim Fechten verhält es sich entgegengesetzt. Berichten wir von einem Seemann, der ein Schiff verläßt, den Revolver in der Tasche – so haben wir zur Bestimmung der Zeit kaum etwas Greifbares mitgeteilt und auch gesellschaftskritisch wagen wir uns kaum aus dem Vagen hervor. Es kann sich um einen Kapitän wie um einen Moses handeln. Anders erfaßbar wirkt sich die Notiz – Chauffeur eines Lastwagens, der mit gefülltem Betonreservoir zu einer Kleinbaustelle fährt – aus. Gehaltsklasse, Datum, notfalls Nationalität sind festgepeilt.
Er wird von einer Polizeistreife gestellt, man verlangt – wenngleich der eine der Schutzleute ihn Emil nennt – die Wagenpapiere. Die stecken in der linken Portiere. Den Führerschein vergaß er zu Hause.
»Fahr zurück, hol ihn. Heute ist viel Polizei auf der Straße. Die Umleitung, du weißt schon. Du könntest noch an eine andre Polizeistreife geraten als an uns.« Er tut es.
Der Fakt, auf den hier in zwei verschiedenen und verschieden vorherbestimmten Reaktionen reagiert wird, bleibt im wesentlichen invariant. Der eine fährt mit dem Fahrrad vor, der andre mit dem Sportcoupé. Die Frau, von der man sich für die Seereise oder die Betonfahrt verabschiedet hatte, kann für auswechselbar erklärt werden, desgleichen der Handlungsrest, die Grätsche, die Gabel, the fork im Englischen.
Das Schiff des Seemanns verläßt Liverpool erst einen Tag

später. Er findet seine Frau auf dem Rücken, den Radfahrer bäuchlings – siehe oben.
Der Lastwagenfahrer weiß, daß ein weißes Sportcoupé zu nichts anderem in seiner Straße, vor seinem Haus parken kann.
Der Seemann zieht den Revolver.
Der Lastwagenfahrer zieht den Führerschein aus der Tasche seiner Lederjoppe in dem Kleiderschrank vor der Schlafzimmertür.
Der Seemann stellt folgende Alternative: »Weitermachen, ohne Unterbrechung weitermachen – oder ich schieße!«
Der Lastwagenfahrer rangiert das Betonreservoir über das offene Sportcoupé – es ist März – drückt auf den Auslösemechanismus und füllt den fremden Wagen randvoll.

HANS BENDER

In der Gondel

Der Gondoliere schwieg und ruderte, bis wir mitten im Canal Grande waren, unter vielen anderen Gondeln, schaukelnd in den Wellen des Vaporettos, das zur Ca'd'Oro hinüberpflügte. Vor dem Rialto erklärte er die Brücke: Sie sei an Stelle einer früheren Holzbrücke von Antonio da Ponte erbaut, bestehe aus einem einzigen Bogen, und jeder Pfeiler ruhe auf sechstausend Pfählen.
Als ich Marlen übersetzte, wußte er, daß sie kein Italienisch verstand.
»Ich habe Sie gleich wiedererkannt, als Sie uns ansprachen«, sagte ich.
»Ich auch. Fünf Jahre sind es her – und dieses ist der Palazzo Bembo, ein gotischer Bau des 15. Jahrhunderts von großem ornamentalem Reichtum!«
Marlen konnte sich an den Spitzbögen nicht sattsehen.

»Es war der schönste Sommer Venedigs. Hat es einen Tag geregnet damals?«
»Nein, nie hat es geregnet.«
»Dieser Sommer ist kalt. Immerfort Regen, der die Fremden vertreibt.«
»Was sagt er jetzt?« fragte Marlen.
»Er spricht vom Wetter. Er ist unzufrieden mit dem Wetter.«
»Sie sind verheiratet?« fragte er.
»Ja.«
»Und zur Hochzeitsreise in Venedig?«
»Nein, es ist nicht die Hochzeitsreise. Die war vor drei Jahren schon.«
»Was sagt er jetzt?« fragte Marlen.
»Der Gondoliere meint, wir wären Hochzeitsreisende.«
»Er ist kein Psychologe«, sagte Marlen. »Er soll lieber erklären. Ich hätte den Baedeker einstecken sollen.«
»Wozu?«
»Ich will wissen, wie die Paläste heißen.«
»Du wirst sie doch wieder vergessen.«
Er zeigte und erklärte: »Palazzo Dandolo, Palazzo Loredan, Palazzo Farsetti, Palazzo Grimani –«
Ich glaube, er vergaß nicht einen.
»Sie heißen Enrico?«
»Ja.«
Da fiel auch mir sein Name wieder ein, gerade im richtigen Moment. »Und Sie heißen Francesco!«
»Mamma mia! Sie wissen es noch!«
»Ein schöner Sommer damals –«
»Palazzo Papadopoli, Palazzo della Madonetta, Palazzo Bernado, Palazzo Corner-Spinelli!«
»Die Namen brauchst du mir nicht zu übersetzen, die verstehe ich von allein; aber was sagt er dazwischen?«
»Er erzählt von anderen, die er früher gerudert hat.«
»Interessiert dich das?«
»Ich kann es ihm nicht verbieten zu erzählen.«
»Hat er nicht gesagt, er wird singen?«

»Meine Frau wünscht, daß Sie singen, Francesco!«
»Eine strenge Frau«, sagte er. »Ihre Freundin lachte immerfort. Nie hatte ich ein Mädchen in der Gondel, das so viel lachte! Sie konnte über alles lachen, und die Palazzi haben sie einen Dreck interessiert.«
Er sang »O sole mio«.
Die Gondolieri in den Venedig-Filmen haben strahlendere Tenöre. Sie singen in ein Mikrophon, und die Ateliers haben eine bessere Akustik als der Canal Grande.
»Hoffentlich hört er bald auf«, sagte Marlen.
»Du hast es dir doch gewünscht.«
»Ein Caruso ist er nicht.«
Francesco hatte verstanden. Er sagte: »Ihrer Freundin damals hat meine Stimme gefallen, weil sie glücklich war, weil ihr die Welt überhaupt gefallen hat. Und dir, Enrico, hat sie auch gefallen.«
»Mir gefällt deine Stimme auch heute.«
»Weißt du noch, wie eifersüchtig du warst?«
»Ich, eifersüchtig?«
»Nun, sie sprach besser italienisch als du. Sie sagte so witzige Dinge, die du gar nicht alle verstehen konntest. Ihre Mutter war Italienerin.«
»Aus Messina war ihre Mutter. Ihr Vater Franzose.«
»Du wolltest ins Wasser springen«, sagte Francesco.
Ich erinnerte mich. Ich spielte den Eifersüchtigen, weil sie allzu verliebt zu Francesco hinaufblickte, sich allzu gern mit ihm unterhielt. Sie schürte das Feuer. So war sie. Ich sagte, ich ersäufe mich, wenn du nicht augenblicklich geradeaus siehst und mich umarmst, wie man sich in Gondeln zu umarmen hat. Ich sprang auf den Sitz, und sie hielt mich fest, umarmte mich –
»Was macht er jetzt?« fragte Marlen.
Ich drehte mich um und sah, wie Francesco das Ruder ins Wasser stellte, zu beweisen, daß die Lagune nicht tiefer als fünfzig Zentimeter war.
Nichts hatte Francesco vergessen! Alles holte er aus der Erinnerung!

»Er will uns zeigen, wie seicht die Lagune ist.«
»Warum zeigt er das?«
»Wir sollen sehen, in der Lagune kann sich nicht einmal ein Nichtschwimmer ertränken.«
»Willst du dich ertränken?«
»Nein«, sagte ich. »Mir ist zu kalt dazu.«
»Vor fünf Jahren wollte sich einmal einer ertränken«, sagte Francesco und lachte.
»Gehört das auch zur Gondelfahrt?« fragte Marlen.
»Francesco ist besonders aufmerksam.«
»Und wird alle Aufmerksamkeiten auf die Rechnung setzen!«
»Warum bist du so böse auf ihn?«
»Er spricht mir zuviel.«
Damals hatte Francesco die dreitausend Lire, die wir vor der Fahrt vereinbart hatten, abgelehnt.
Ein Märchen aus Venedig könnte so anfangen: Es war einmal ein Gondoliere, der ruderte ein Liebespaar durch den Canal Grande und die Mäanderwindungen der vielen kleinen Kanäle. Er hatte seine Gondel mit Lampions behängt, er sang »O sole mio«, er ruderte zwei Stunden und wies die dreitausend Lire, die ihm der junge Mann zahlen wollte, zurück, weil dessen Freundin so hübsch war und wie ein Glockenspiel lachen konnte. Ja, zuletzt ruderte er die beiden zu einer Osteria, in die sonst keine Touristen hinkamen, lud sie ein, die halbe Nacht Chianti mit ihm zu trinken, zu lachen, zu tanzen –
»Warum bist du so schweigsam auf einmal?« fragte Marlen.
»Ich?«
»Auch dein Gondoliere scheint zu schlafen.«
»Meine Frau wünscht, daß du ihr sagst, wie die Palazzi rechtsund links heißen.«
Francesco erklärte mit gewohntem Pathos: »Links sehen Sie den Campo und die Chiesa San Samuele mit dem typisch venezianisch-byzantinischen Glockenturm aus dem 12. Jahrhundert. Der Palazzo Grassi folgt, ein besonders schöner Bau, im Innern mit berühmten Deckengemälden Alessandro Longhis geschmückt –«

Während ich übersetzte, sagte Francesco: »Warum bist du nicht mit ihr gekommen, einen Ring am Finger?«

»Und der Palast dort rechts?«

Diesmal war ich dankbar für Marlens Einwurf.

»Meine Frau will wissen, wie der Palazzo dort heißt.«

»Es ist der Palazzo Rezzonico, ein Werk Longhenas.«

Wir waren nun fast am Ende des Kanals. Es war dunkel geworden, dunkler durch Regenwolken, die vom Westen heraufzogen. Die Kuppel von Santa Maria della Salute strahlten Scheinwerfer an.

»Steigen wir am Markusplatz aus?« fragte Marlen.

»Wenn du willst –«

»Ich friere, und es sieht aus, als regne es gleich.«

»Hier hielten wir damals lange, weißt du noch, Enrico?«

»Ich weiß –«

»Alle Liebespaare halten hier an, die Kuppel von Santa Maria della Salute zu betrachten. Auch Noëlly wollte, daß –«

Francesco biß sich auf die Zunge, weil ihm der Name, den wir bisher vermieden hatten, entfallen war.

»Noëlly –«

»Wer ist Noëlly?« fragte Marlen.

»Noëlly: Es ist der Name eines Mädchens –«

»Welches Mädchens?«

»Seiner Frau vielleicht«, sagte ich schlagfertig.

»Noëlly è mia moglie«, sagte Francesco.

»Nein, das ist nicht wahr!«

»Es ist wahr. – Sie ist ein Jahr später wiedergekommen. Allein.«

»Was sagt der gräßliche Mensch?«

»Von seiner Frau erzählt er.«

»Immer erzählt er Dinge, die uns nichts angehen. – Sind wir nicht bald da?«

»Bald, Marlen.«

ROBERT WALSER

Brief an einen Ehemann

Sie zogen mich, sehr geehrter Herr, bezüglich Ihres Verhältnisses zu Ihrer Frau ins Vertrauen. Sie baten mich nicht um meine Meinung, die ich Ihnen hier gleichwohl bekanntgebe. Ich finde es von Ihrer Frau unverantwortlich, daß sie einen so wackern Mann, wie Sie sind, hinterging. Nichtsdestoweniger muß ich Ihnen gestehen, daß ich die Unverfrorenheit Ihrer Frau verstehe, indem Sie etwas Süßlichsaures an sich haben. Sie machen mir übrigens den Eindruck einer viel zu weitgehenden Vergnügtheit bezüglich Ihres Wertes. Anderseits begreife ich natürlich Ihren Stolz. Seitdem Sie von Ihrer Frau hintergangen worden sind, kommen Sie sich noch bräver und rechtschaffener vor als vorher. Ich machte Sie auf diese Eigenliebe ergebenst und gehorsamst aufmerksam. Ihrer Frau kamen Sie zu tugendhaft vor, als daß sie sich nicht hätte bewogen fühlen müssen, der Summe Ihrer vorzüglichen Eigenschaften entgegenzuarbeiten; denn das Zurschaugestelltsein der Tugend an einem Mann, als sei seine Tugend ein Gemälde und er die Wand, woran das Bild befestigt ist, hat für seine Frau etwas Revoltierendes. Ihre bis ins Unabsehbare ausgedehnte Solidität, mein Herr, gab Ihrer Frau Anlaß, Ihnen notorisch untreu zu werden. Sie sagten mit Ihrem hochgeschätzten Gesichtsausdruck in einem fort zu Ihrer Frau: »Paß auf dich auf; sieh dich vor usw.« Sie besitzen einen von Selbstgefälligkeit zusammengefalzten Mund, wie ihn ein mir bekannter erfolgloser Dichter aufweist, dessen Bedeutung sich darin deklariert, daß er bei sehr viel Begeisterung wenig Begabung und bei sehr viel gutem Willen wenig Glück hat.

Wenn lediglich die Meinung in Frage käme, die sich derjenige von seiner Frau gebildet hat, an den ich diesen Brief adressiere, so gliche sie einem von nichts als Elendigkeiten zusammengesetzten Eisenbahnzug. Sie schilderten sie mir als äußerst flatterhaft. Ich glaube gern, daß sie das ist, aber ich glaube ebenso leicht und gern, daß Sie es sind, der sie flatterhaft machte. Sie, der Sie einen Möbelwagen voll grauenerregender Ehrbarkeit darstellen. Ihrer Frau wurde es übel an Ihrer Seite. In der Gesellschaft, die Sie Ihrer Frau gewährten, wurde die Pflanze moralisch krank, von der wir miteinander gesprochen haben, und deretwegen ich Ihnen hier mit allem mich kennzeichnenden Fleiße schreibe. Ihre meilenweite und -breite Rechtschaffenheit mußte notwendigerweise aus dem Gegenstande dieses Memorandums etwas in sittlicher Hinsicht Mißliches machen. Wenn Sie sie eines Tages oder zu verschiedenen Malen bei Unrechtschaffenheiten überrascht haben, so sind Ihre bereits hervorgehobenen Tugenden die Erzeuger davon. Die Tugend hat immer etwas Erbärmliches an sich, und das Laster besaß von jeher etwas Entzückendes und Hinreißendes, wobei ich natürlich den staaterhaltenden Standpunkt außer Betracht lasse. Ihre Frau war nicht verpflichtet, Sie von soeben angeführtem Standpunkt aus anzuschauen. Sie hätten, um sich Ihre Frau zu erhalten, hie und da auf süffisante Art Abwege betreten sollen; daß Sie das unterließen, bezeichne ich als eine ans Verbrecherische streifende Nachlässigkeit. Innerhalb des Gebiets der Rechtschaffenheit können Liederlichkeiten vorkommen.

Frohlocken Sie nicht!

Erwägen Sie reichlich, was diese Nachricht enthält. Verbieten Sie sich den geringsten Hauch von Glauben, Sie hätten die Untreue Ihrer Verjagten nicht mit der strahlendsten Redlichkeit verdient. Sie werden auch die Nachfolgerin der hier bedeutungsvoll zur Sprache Gelangten und von Ihnen mit gezwungenem Triumpheslächeln Verurteilten nicht zu behandeln wissen, und somit lade ich Sie ein, stets ein ganz klein wenig mürrisch zu sein und sich unter Erfülltheit solcher Bedingung für eine Untadelhaftigkeit zu halten.

THOMAS MANN

Anekdote

Wir hatten, ein Kreis von Freunden, miteinander zu Abend gegessen und saßen noch spät in dem Arbeitszimmer des Gastgebers. Wir rauchten, und unser Gespräch war beschaulich und ein wenig gefühlvoll. Wir sprachen vom Schleier der Maja und seinem schillernden Blendwerk, von dem, was Buddha »das Dürsten« nennt, von der Süßigkeit der Sehnsucht und von der Bitterkeit der Erkenntnis, von der großen Verführung und dem großen Betrug. Das Wort von der »Blamage der Sehnsucht« war gefallen; der philosophische Satz war aufgestellt, das Ziel aller Sehnsucht sei die Überwindung der Welt. Und angeregt durch diese Betrachtungen, erzählte jemand die folgende Anekdote, die sich nach seiner Versicherung buchstäblich so, wie er sie wiedergab, in der eleganten Gesellschaft seiner Vaterstadt ereignet haben sollte.

»Hättet ihr Angela gekannt, Direktor Beckers Frau, die himmlische kleine Angela Becker, – hättet ihr ihre blauen, lächelnden Augen, ihren süßen Mund, das köstliche Grübchen in ihrer Wange, das blonde Gelock an ihren Schläfen gesehen, wäret ihr einmal der hinreißenden Lieblichkeit ihres Wesens teilhaftig geworden, ihr wäret vernarrt in sie gewesen wie ich und alle! Was ist ein Ideal? Ist es vor allem eine *belebende* Macht, eine Glücksverheißung, eine Quelle der Begeisterung und der Kraft, folglich – ein Stachel und Anreiz aller seelischen Energien von seiten des Lebens selbst? Dann war Angela Becker das Ideal unserer Gesellschaft, ihr Stern, ihr Wunschbild. Wenigstens glaube ich, daß niemand, zu dessen Welt sie gehörte, sie wegdenken, niemand sich ihren Verlust vorstellen konnte, ohne zugleich eine Einbuße an Daseinslust und Willen zum Leben, eine unmittelbare dynamische Beeinträchtigung zu empfinden. Auf mein Wort, so war es!

Ernst Becker hatte sie von auswärts mitgebracht, – ein stiller, höflicher und übrigens nicht bedeutender Mann mit braunem Vollbart. Gott wußte, wie er Angela gewonnen hatte; kurzum sie war die Seine. Ursprünglich Jurist und Staatsbeamter, war er mit dreißig Jahren ins Bankfach übergetreten, offenbar um dem Mädchen, das er heimzuführen wünschte, Wohlleben und reichen Hausstand bieten zu können, denn gleich dannach hatte er geheiratet.

Als Mitdirektor der Hypothekenbank bezog er ein Einkommen von dreißig- oder fünfunddreißigtausend Mark, und Beckers, die übrigens kinderlos waren, nahmen lebhaften Anteil an dem gesellschaftlichen Leben der Stadt. Angela war die Königin der Saison, die Siegerin der Kotillons, der Mittelpunkt der Abendgesellschaften. Ihre Theaterloge war in den Pausen gefüllt von Aufwartenden, Lächelnden, Entzückten. Ihre Bude bei den Wohltätigkeitsbasaren war umlagert von Käufern, die sich drängten, ihre Börsen zu erleichtern, um dafür Angelas kleine Hand küssen zu dürfen, ein Lächeln ihrer holden Lippen dafür zu gewinnen. Was hülfe es, sie glänzend und wonnevoll zu nennen? Nur durch die Wirkungen, die er hervorbrachte, ist der süße Reiz ihrer Person zu schildern. Sie hatte alt und jung in Liebesbande geschlagen. Frauen und Mädchen beteten sie an. Jünglinge schickten ihr Verse unter Blumen. Ein Leutnant schoß einen Regierungsrat im Duell durch die Schulter anläßlich eines Streites, den die beiden auf einem Ballfest eines Walzers mit Angela wegen gehabt. Später wurden sie unzertrennliche Freunde, zusammengeschlossen durch die Verehrung für sie. Alte Herren umringten sie nach den Diners, um sich an ihrem holdseligen Geplauder, ihrem göttlich schalkhaften Mienenspiel zu erlaben; das Blut kehrte in die Wangen der Greise zurück, sie hingen am Leben, sie waren glücklich. Einmal hatte ein General – natürlich im Scherz, aber doch nicht ohne den vollen Ausdruck des Gefühls – im Salon vor ihr auf den Knien gelegen.

Dabei konnte eigentlich niemand, weder Mann noch Frau,

sich rühmen, ihr wirklich vertraut oder befreundet zu sein, ausgenommen Ernst Becker natürlich, und der war zu still und bescheiden, zu ausdruckslos auch wohl, um von seinem Glücke ein Rühmens zu machen. Zwischen uns und ihr blieb immer eine schöne Entfernung, wozu der Umstand beitragen mochte, daß man ihrer außerhalb des Salons, des Ballsaales nur selten ansichtig wurde; ja, besann man sich recht, so fand man, daß man dies festliche Wesen kaum jemals bei nüchternem Tage, sondern immer erst abends zur Zeit des künstlichen Lichts und der geselligen Erwärmung erblickt hatte. Sie hatte uns alle zu Anbetern, aber weder Freund noch Freundin: und so war es recht, denn was wäre ein Ideal, mit dem man auf dem Duzfuß steht?
Ihre Tage widmete Angela offenbar der Betreuung ihres Hausstandes – dem wohligen Glanze nach zu urteilen, der ihre eigenen Abendgesellschaften auszeichnete. Diese waren berühmt und in der Tat der Höhepunkt des Winters: ein Verdienst der Wirtin, wie man hinzufügen muß, denn Becker war nur ein höflicher, kein unterhaltender Gastgeber. Angela übertraf an diesen Abenden sich selbst. Nach dem Essen setzte sie sich an ihre Harfe und sang zum Rauschen der Saiten mit ihrer Silberstimme. Man vergißt das nicht. Der Geschmack, die Anmut, die lebendige Geistesgegenwart, mit der sie den Abend gestaltete, waren bezaubernd; ihre gleichmäßige, überall hinstrahlende Liebenswürdigkeit gewann jedes Herz; und die innig aufmerksame, auch wohl verstohlen zärtliche Art, mit der sie ihrem Gatten begegnete, zeigte uns das Glück, die Möglichkeit des Glücks, erfüllte uns mit einem erquickenden und sehnsüchtigen Glauben an das Gute, wie etwa die Vervollkommnung des Lebens durch die Kunst ihn zu schenken vermag.
Das war Ernst Beckers Frau, und hoffentlich wußte er ihren Besitz zu würdigen. Gab es einen Menschen in der Stadt, der beneidet wurde, so war es dieser, und man kann sich denken, daß er es oft zu hören bekam, was für ein begnadeter Mann er sei. Jeder sagte es ihm, und er nahm alle diese Huldigungen

des Neides mit freundlicher Zustimmung entgegen. Zehn Jahre waren Beckers verheiratet; der Direktor war vierzig und Angela ungefähr dreißig Jahre alt. Da kam folgendes: Beckers gaben Gesellschaft, einen ihrer vorbildlichen Abende, ein Souper zu etwa zwanzig Gedecken. Das Menu ist vortrefflich, die Stimmung die angeregteste. Als zum Gefrorenen der Champagner geschenkt wird, erhebt sich ein Herr, ein Junggeselle gesetzten Alters, und toastet. Er feiert die Wirte, feiert ihre Gastlichkeit, jene wahre und reiche Gastlichkeit, die aus einem Überfluß an Glück hervorgehe und aus dem Wunsche, viele daran teilnehmen zu lassen. Er spricht von Angela, er preist sie aus voller Brust. ›Ja, liebe, herrliche, gnädige Frau‹, sagt er, mit dem Glas in der Hand zu ihr gewendet, ›wenn ich als Hagestolz mein Leben verbringe, so geschieht es, weil ich die Frau nicht fand, die gewesen wäre wie Sie, und wenn ich mich jemals verheiraten sollte, – das eine steht fest: meine Frau müßte aufs Haar Ihnen gleichen!‹ Dann wendet er sich zu Ernst Becker und bittet um die Erlaubnis, ihm nochmals zu sagen, was er so oft schon vernommen: wie sehr wir alle ihn beneideten, beglückwünschten, seligpriesen. Dann fordert er die Anwesenden auf, einzustimmen in sein Lebehoch auf unsere gottgesegneten Gastgeber, Herrn und Frau Becker.
Das Hoch erschallt, man verläßt die Sitze, man will sich zum Anstoßen mit dem gefeierten Paare drängen. Da plötzlich wird es still, denn Becker steht auf, Direktor Becker, und er ist totenbleich.
Er ist bleich, und nur seine Augen sind rot. Mit bebender Feierlichkeit beginnt er zu sprechen.
Einmal – stößt er aus ringender Brust hervor – einmal müsse er es sagen! Einmal sich von der Wahrheit entlasten, die er solange allein getragen! Einmal endlich uns Verblendeten, Betörten die Augen öffnen über das Idol, um dessen Besitz wir ihn so sehr beneideten! Und während die Gäste, teils sitzend, teils stehend, erstarrt, gelähmt, ohne ihren Ohren zu trauen, mit erweiterten Augen die geschmückte Tafel umge-

ben, entwirft dieser Mensch in furchtbarem Ausbruch das Bild seiner Ehe – seiner *Hölle* von einer Ehe...

Diese Frau – *die* dort –, wie falsch, verlogen und tierisch grausam sie sei. Wie liebeleer und widrig verödet. Wie sie den ganzen Tag in verkommener und liederlicher Schlaffheit verliege, um erst abends, bei künstlichem Licht, zu einem gleisnerischen Leben zu erwachen. Wie es tagüber ihre einzige Tätigkeit sei, ihre Katze auf greulich erfinderische Art zu martern. Wie bis aufs Blut sie ihn selbst durch ihre boshaften Launen quäle. Wie sie ihn schamlos betrogen, ihn mit Dienern, mit Handwerksgehilfen, mit Bettlern, die an ihre Tür gekommen, zum Hahnrei gemacht habe. Wie sie vordem ihn selbst in den Schlund ihrer Verderbtheit hinabgezogen, ihn erniedrigt, befleckt, vergiftet habe. Wie er das alles getragen, getragen habe um der Liebe willen, die er ehemals für die Gauklerin gehegt, und weil sie zuletzt nur elend und unendlich erbarmenswert sei. Wie er aber endlich des Neides, der Beglückwünschungen, der Lebehochs müde geworden sei und es einmal, – einmal habe sagen müssen.

›Warum‹, ruft er, ›sie wäscht sich ja nicht einmal! Sie ist zu träge dazu! Sie ist schmutzig unter ihrer Spitzenwäsche!‹

Zwei Herren führten ihn hinaus. Die Gesellschaft zerstreute sich.

Einige Tage später begab sich Becker, offenbar einer Vereinbarung mit seiner Gattin gemäß, in eine Nervenheilanstalt. Er war aber vollkommen gesund und lediglich zum Äußersten gebracht.

Später verzogen Beckers in eine andere Stadt.«

FRANZ GRILLPARZER

Entwurf zum Kloster bei Sendomir

Ein polnischer Edelmann wirft seine Augen auf ein Mädchen aus einer vornehmen, aber durch Unglücksfälle sehr herabgekommenen Familie. Ihre Eltern sind in Schulden; der Edelmann zahlt sie. Ihre Brüder leben, wegen Staatsvergehen, verbannt außer Landes; jener verwendet sein Ansehen, bis sie begnadigt werden. Das ganze Haus wird durch ihn wieder hergestellt. Endlich heiratet er das Mädchen. Glücklich in dem Besitze seiner Geliebten, wird dies Glück bald noch dadurch vermehrt, daß sie sich schon nach den ersten Monaten schwanger findet. Auf der Jagd, seinem Lieblingszeitvertreibe, erzählt er einem alten Förster, der Pfleger seiner Kindheit war, seine Hoffnung, sein Glück. Statt an der Freude seines Herrn Teil zu nehmen, sieht dieser vor sich hin auf den Boden und antwortet nicht. Befremdet fragt der Graf um die Ursache des sonderbaren Benehmens. Der Förster zögert, der Graf zürnt, und endlich hört er was besser verschwiegen geblieben wäre. Während er im Forste der Jagd obliegt, genießt bei seiner Frau ein schon seit früher Zeit Begünstigter, was nur dem Gatten zukommt. Spät erst glaubt der Enttäuschte das jedermann außer ihm schon seit langem Bekannte. Endlich sieht er sogar selbst und kann nun nicht mehr zweifeln. Ruhig von außen wartet er die Niederkunft seiner Frau ab, wartet noch zehn Wochen nachher, bis sie sich völlig erholt. Nun läßt er sie eines Tages zu sich rufen. Sie erscheint, mit dem Kinde. Ehebrecherin, donnert er ihr entgegen, du bist entlarvt! Du mußt sterben! und zückt den Dolch. Wimmernd wirft sich ihm die Elende zu Füßen und bekennt; nur um ihr Leben bittet sie. Umsonst! Nur ein Weg der Gnade ist: wenn sie selbst die Frucht des Ehebruchs vernichtet, wenn sie selbst ihre Haarnadel dem Kinde ins Herz drückt. Das Kleine wird dann für gäh gestorben ausgegeben, die Schmach bleibt verdeckt und die Verbrecherin mag, wenn gleich in der Ferne, verbannt, leben. Sie verweigerts; der Dolch droht von neuem und endlich – zieht die Mutter eine Nadel aus dem Haare und will das Entsetzliche vollbringen. Das wollt ich sehen, Ungeheuer! ruft er schaudernd, ob noch ein Funken menschlichen Gefühls in dir, noch ein Keim für Buße, für Reue! Es ist nicht, und so – da stößt er sie nieder. Wenn sie sich geweigert, weiß Gott, spricht er und bedeckt die Leiche, weiß Gott, ich hätte ihr in einem Kloster Zeit gelassen sich wieder zu finden und das verletzte Recht. Drauf gibt er das Kind einem treuen Knechte, der soll es erziehen, als bäurischen Eltern entsprossen. Seine Güter schenkt er halb seinen Untertanen, halb widmet er sie der Stiftung eines Klosters, wo zwölf Mönche beten sollen für die Seelen zweier Sünder. Er selbst ging in die Wildnis und ward nicht mehr gesehen.

GOTTFRIED BENN

Drohung

Aber wisse:
Ich lebe Tiertage. Ich bin eine Wasserstunde.
Des Abends schläfert mein Lid wie Wald und Himmel.
Meine Liebe weiß nur wenig Worte:
Es ist so schön an deinem Blut. –

GUSTAV SACK

Im Heu

Es ist Juli, und in dem weiten Kessel liegt die Sommerglut so heiß, so drückend schwül und heiß, daß die bewaldeten Ränder dieses Kessels in der milchigen Bläue des Himmels schier verschwinden, so zittert und bebt die Luft vor ihnen auf und nieder. Und in dem Kessel steht weder Baum noch Haus, es ist eine glatte, wie auf einer Töpferscheibe gedrehte Mulde, von deren Rand sich Ackerstück an Ackerstück, Vierecke an Vierecke in nicht ganz konzentrischen Kreisen, in nicht ganz radialen Streifen in die Tiefe ziehen – gleißend gelbe Roggenfelder, bräunliche Kartoffel-, buntscheckige Buchweizen-, hellgrüne Haferfelder, in der Mitte aber, in dem Tiefpunkt der Mulde, liegen die Wiesen, so fette grüne Wiesen, daß auf ihnen sogar die Sumpfdotterblumen und schwarzpurpurnen Sumpfblutaugen wachsen mögen; aber grau wie ein ungeheurer Flechtenbelag sind die Wiesen heute anzusehen, und ein betäubender Geruch, ein süßer Geruch von welkem Ruchgras steigt von ihnen zu den Rändern des Kessels hoch. Die Dichter würden sagen, blutige Sensen haben Milliarden Kinder Floras hingemordet, aber es ist nur Heu, gutes, saftiges Heu, das da unten in der Mulde zum Trocknen liegt, und ein berauschender Duft. Und mitten in diesen betörenden Klee- und Thymiangerüchen, mitten in dem ungeheuren Kessel von Schweigen und Glut bewegen sich zwei Menschen hin und her, und blicktest du von der Höhe und dem schattigen Waldsaum herab, so würde es dich anmuten, als ob dort unten zwei winzige Magnete sich anziehn und fliehen, anziehn und fliehn.

Es ist der Bauer Buchenkamp, der da oben hinter dem Walde im Osten seinen Hof hat, und seine Tochter Marie. Er – fünfundvierzigjährig, groß, hager, in seinen Augen, die nicht gemacht sind, in eine idealistisch verbrämte Weite *alias* Tiefe zu sehen, liegt eine herbe Grausamkeit, und in seinen Armen, die sich niemals jubelnd verzückt ausgebreitet haben, ist eine arme Eckigkeit; aber sein Haar ist stark und sein kurzer Bart dicht und kraus. Er ist Witwer, denn seine Frau ist im Kindbett gestorben, und seitdem liefen fünfundzwanzig Jahre ins Land, fünfundzwanzig Jahre ohne Liebe und ohne Genuß – wenn es überhaupt einen anderen Genuß als die Liebe gibt und wenn man das satte Ruhen nach schwerer Arbeit und das Bewußtsein des Erfolges schwerer Arbeit nicht als Genuß gelten lassen will –, denn von den Hanswurstgenüssen der Ästhetik und Philosophie konnte bei Buchenkamp nicht die Rede sein. Im übrigen ist er geachtet im Lande, und seine Knechte und Mägde nennen ihn einen guten Herrn. Und sie – fünfundzwanzigjährig, fünfundzwanzig Jahre ohne Liebe und nur mit dem einen Genuß des Ruhens und verträumten Sehnens, wenn man ein solches verträumtes und sich selbst befriedigendes Sehnen nicht als den feinsten Genuß bezeichnen will. Und beide lebten in Arbeit und einer flachen Wunschlosigkeit, die ihnen aber als solche nicht zum Bewußtsein kam. Mariens Liebesleben übrigens den sie zahlreich umwerbenden Burschen gegenüber bestand in einem lässigen Dulden einiger bäurischer Handgreiflichkeiten, die sich so regelmäßig wiederholten, wie die Feste und Wallfahrten kamen; von etwas anderem oder gar einer bestimmten Neigung war nicht die Rede, aber ihr Haar ist schwer und feuerrot, und ihre Brüste sind üppig und breit.

Und die ruhelose Arbeit geht fort, denn der glühende Tag muß ausgenutzt werden, und die Wiese ist groß und sie nur zu zweit, um mit langen Rechen die duftende Überfülle hin und her zu wenden, sie in langen, flachen Reihen aufzuhäufen und diese immer wieder umzuschichten, damit die Sonne auch den letzten Tropfen Lebens aus den Halmen zieht; es ist eine lustige Arbeit, die Augen blinken, und die Röcke fliegen. Und wenn sich Vater und Tochter begegnen, lachen sie sich an. »Es ist heiß, Marie.« – »Ja, Vater, es ist heiß.«

Aber es ist eine Lustigkeit eigener Art, eine Lustigkeit, die tiefer sitzt, und die Blicke, durch die sie spricht, haften seltsam aneinander, denn es ist stickend heiß, die Luft ist schwer von Duft, und die Körper, die da wie im glühen Raume hin und wider kreisen, brennen vor Glut und Schweiß, und darum ist ihre Lustigkeit eigener Art, denn die Augen leuchten nun nicht mehr, sondern glänzen starr und stumpf vor sich hin, ins Weite, einer am andern vorbei – sie fiebern, und das Blut hämmert in den Schläfen.

Es ist stickend heiß, und die Milliarden aufgewirbelter Staubpartikel der toten Gräser machen die Kehle trocken und lassen die Augen schmerzen, und der Schweiß fließt. Er fällt in dicken Tropfen von der Stirn und rinnt kühlend die Brust herab; er bricht aus allen Poren aus, so daß die ganze Kleidung, Hemd und Rock, am Leibe klebt. »Es ist heiß, Vater.« – »Es ist heiß, Marie«, und sein Blick klebt an ihrer Gestalt.

Da lassen sie die Rechen fallen und entledigen sich der Kleidung, so weit sie sich ihrer entledigen können, und arbeiten fort und wenden und harken und wenden, nähern sich, entfernen sich – alles bis auf Hemd und Rock hat sie fortgeworfen, und wirbelt sie nun einen Ball der glühenden Halme gegen ihr pralles, oft bis über die Knie entblößtes Bein, so steigt ein wildes Prickeln fiebernd an ihrem Leibe hoch. Und sie fühlt, wie er – denn sie sagt in Gedanken ›er‹ –, wie er ihr folgt, wie sein Blick auf ihrer halben Nacktheit liegt, deren strotzende Fülle das eng am Leibe liegende Hemd kaum umfassen kann; sie fühlt es, aber sie hat nur das eine Gefühl: es ist mir gleich. Und es ist ihr gleichgültig, daß er mit einem Ruck sein Hemd vom Körper streift und sich auf den Rechen stützt und sie mit langem Blick betrachtet, während sie die Hand unter ihr Hemd führt, um das feuchte Tuch von ihrer Haut zu lockern, und es ist ihr gleichgültig, daß sie beim Zurückziehen ihrer Hand die Brust entblößt; sie verhüllt sie nicht, sie fährt streichelnd über die pralle Fülle und enthüllt sie ganz und atmet tief, wie sie sich unter einem leichten Lufthauch kühlt und strafft. Aber ihren weitausladenden Armbewegungen und den ruckhaften Bewegungen der rechten Schulter unter dem feuchten Hemd dürfte die Neugierde zugrunde liegen, ob es ihr nicht gelingen möge – und es gelingt, denn nun quillen ihre beiden Brüste nackt aus dem Hemd hervor. Ihr Blick aber fängt an, den seinen zu suchen und zu meiden, wie sie ihn aber zum zweitenmal gefunden hat, läßt sie den ihren langsam an ihm niedergleiten; bis er plötzlich vor ihr steht und neben sie tritt, scheu, mit gesenktem Blick.

Dann aber legte er seinen Arm um ihre Hüfte – »Marie!« – und ging mit ihr fort, geradeaus, ins Blaue hinein; und seine schwielige Hand tastete wie verstört, wie verzückt über die Fülle ihrer Brust. Sie finden kein Wort, aber es genügte ihnen, daß sie ihre Hüfte an die seine schmiegte. An einer kleinen Bodenwelle legten sie sich nieder; ihr Hemd ist tief geöffnet, und ihre Nüstern sind gebläht, und brandrot leuchtet ihr Haar, ihr Blick aber flackerte lechzend in den Himmel, in die Sonne, irgendwohin; und da ihre Bekleidung nur aus einem Hemd und einem knielangen Rock bestand und da sie sich so niedergelassen hatten, daß er am Grunde der kleinen Bodenwelle lag, auf deren Höhe sie mit hochgezogenen Knien ihm gegenübersaß, bot sie ihm freigebig den unbehinderten Anblick ihres letzten Reizes dar. Er aber vermochte dieser Lockung nicht zu widerstehn, sondern warf sich vor ihr nieder und streifte ihr, während sie sich hintenüber fallen ließ, mit einer Zartheit der Bewegung, die man dieser verarbeiteten Hand nicht zugetraut hätte, Rock und Hemd bis über den Leib hoch und preßte seinen Kopf in ihren Schoß.

Als sie aufwachten – denn die Sonnenglut hatte sie bald in einen tiefen Schlaf gedrückt –, war die Luft klar geworden, klar hob sich die bläuliche Linie des Waldes an der Höhe gegen den nun schon wieder dunkelblauen Himmel ab, und ein ferner turmgekrönter Berg drohte mit seinem Finger in die Luft, während im Osten ein Wolkengebirge aufgetürmt war, das, wie von seiner eigenen Schönheit berauscht, unverändert, unbeweglich stillestand. Denn als die Sonne im Westen hinter den Horizont gefallen war, verschwand die dunklere Nachmittagsbläue des Himmels und ward zart

rosenrot, welche Färbung aber im Osten einer violetten wich, der im Westen eine leise meergrüne gegenüberglummte; in jenen violetten Dunst hinein aber hatte sich das Gebirge aufgebaut. Da waren zuvorderst drei Türme, als hätte eine Hand von oben drei Riesensäulen eingepreßt, aber elastisch bäumten sie sich in üppigen Windungen gegen den Druck hoch, gleißend weiß, die Schatten der Windungen bläulich rot und ihre stolzen Ränder rot wie die Blätter der Hagebuttenrosen; hinter ihnen jedoch starrten zerrissene Klippen, zahllos, rot wie Korallen und zerklüftet und steil wie die Riffe eines Dolomitenstockes empor, schieferblau und wuchtig fielen die Schatten der drei Säulen hinein in dieses tiefe Felsengewirr; aber hinter allen und alle überragend lag weit fern, so fern, daß die Schatten der Säulen und Dolomiten nur auf dem krausgewellten Fuße dieses Berges lagen, eine Bergkuppe, majestätisch geformt wie der Gipfel des Kilimandscharo; die war flamingorot und stach mit ihrer unsäglichen Reinheit blendend ab von dem violetten Dunst des himmlischen Hintergrundes. Und unbeweglich stand dieses Gebirge, so vollkommen, so vollkommen wie das Glück selbst.
Aber sie sahen es nicht, sie sahen auch nicht den Glanz, den die Röte des Abendhimmels über ihre Glieder gebreitet hatte; sie sahen nur ihre derbe Nacktheit, fühlten ihre wollüstige Müdigkeit und sagten sich, während ihnen ein wenig die Sinne schwindelten, daß alles dieses Nackte ihnen zugehörte; im übrigen aber sahen sie nur, daß eigentlich für heute die Arbeit nicht getan war: Für solche Menschen ist eben ein Wolkengebirge nicht da, sie sind eben zu dumm. Aber sie müssen es doch in sich aufgenommen haben, so daß es in ihnen weiterwirkte, denn sie ließen die Arbeit liegen, kleideten sich an und gingen Hand in Hand, schweigend wie Verliebte, heim.
Da entbrannte über ihnen der Himmel in einem roten Leuchten, und das Gebirge im Osten blähte sich stolz, und düsterrot-still ward die Welt, denn es gab keinen Klang für sie, keinen Ton, in dem sie ihre Schönheit zusammenreißen und

in einer Fanfare in das Nichts hätte austönen lassen können. Aber die beiden Menschen trieb die Heiligkeit dieses Schweigens wie mit roten Ruten heim, so daß sie hasteten und eilten und atemlos in ihren Hof sich retteten.
Vom nächsten Tage an, denn in dieser Nacht lagen sie irgendwo, bezogen sie ein gemeinsames Schlafgemach und lebten zusammen wie Mann und Weib. Als aber der Herbst kam, der die Folgen ihres Verkehrs sichtbar machte, und es ihrer Sinnlichkeit nicht einfiel, dieses zu verbergen, denn sie ließ vielmehr ihre veränderte Gestalt als immer heftigeren Reiz und neue Lockung wirken, gelang es irgendwem, den Arm der Justiz auf ihn zu lenken, und nur in letzter Stunde vermochte er diesem durch einen raschen Selbstmord in den Weg zu fallen. Sie aber duldete es nicht, daß die Verzweiflung sie übermannte, sondern ließ ihre Frucht reifen und brachte zu ihrer Zeit einen Knaben an das Licht der Welt. Und da der Vormund dieses Kindes ein Rechtsanwalt war, der folglich anderes zu tun hatte als uneheliche Kinder zu erziehen, überließ er ihr die Erziehung ihres Knaben, den sie nach dem Vorbild ihres Vaters zu einem Bauern und in geeigneter Stunde zu einem zweiten Ödipus erzog; aber sie gebar kein Kind von ihm, ihr Anwesen wuchs, und sie starb nach langen Jahren geachtet und geliebt und verrufen als die blutschänderische Schlußfigur dieser absichtlichen Geschichten.

JOHANN WOLFGANG VON GOETHE

Bin so in Lieb' zu ihr versunken

Bin so in Lieb' zu ihr versunken,
Als hätt' ich von ihrem Blut getrunken.

GEORGE SAIKO

Giraffe unter Palmen

Seit die gefährdeten Stellen des Murazzo, des großen Steindammes gegen das Meer, mit mannshohen Lavablökken verstärkt waren, gab es keine Überflutungen mehr. Die drei Betonkisten am Fischerhafen waren in Sicherheit, jede zwei Stockwerke hoch, pompejanischrot, maisgelb und indigoblau, schmutzig und abgeblättert, alle drei mit graurosa Jalousien. Weil die paar Tamariskenbäume vor dem Kai zu dünn und kümmerlich waren, gingen die Wäscheschnüre von den Balkonen hinunter zu den zwei Masten von Brogios Barke, die verwahrlost am Ufer lag.
Man brauchte die Barke nur anzusehen, um zu wissen, wie es mit Brogio stand. Denn Betta starb noch immer, sie starb seit Monaten, wie in allem konnte sie auch damit kein Ende finden.
In den drei Betonkisten hatte der Tod zuerst die Aufgabe, Platz zu schaffen: ob Mann, Frau oder Kind, allzu viele warteten. Möglichst unauffällig abzugehen, war wie eine Pflicht, die sich von selbst verstand, so daß niemand je ein Wort darüber redete. Aber Betta hatte ihre Frist längst überschritten. Die Erbitterung brach immer unverhüllter hervor, und bei den Männern äußerte sie sich, indem sie wortlos zuhörten, wenn die Frauen die bösen Folgen von Bettas Widerstand aufzählten.
Nur Letizia bewies die unauslöschliche Kraft, die in der wahren Freundschaft enthalten ist und um so heftiger aufflammte, je länger Betta zögerte. Wenn Brogio heimkam, fand er mehr als er erwarten durfte. Jedesmal fand er Letizia vor, und vielleicht trieb ihn gerade das wieder aus dem Haus. Die Freunde berührten das Thema vorsichtig aus der Ferne. Momo und Checco gehörten eigentlich zu Brogios Boot, nicht fünf Mann wie bei andern, aber Brogio konnte für drei gelten. Auch auf den Nachbar-In-

seln war keiner, der, wenn es Ernst wurde, gegen ihn aufkam.

»Bei ihm war es schon immer mehr in den Muskeln, nicht im Kopf, das ist sein Unglück jetzt. Wenn sie nicht bald stirbt, zieht sie ihn mit –«

»Wohin? Es ist bereits schlimmer als der Tod. Den ganzen Tag sitzt er zwischen den Steinen und starrt auf die Eidechsen. Man könnte denken, daß er überhaupt nichts sieht –«

Erst lange nach der Mittagshitze kam Brogio zwischen den Blöcken hervor. Kaum daß er auf der Schwelle stand, öffnete Letizia die Tür zur Kammer. Sie hatte die Lagerstatt vom Fenster weggerückt, so daß Betta den Vorraum genau überblicken konnte. Brogio grüßte nicht, und Letizia gab ihm keinen Blick. Aber das Waschbecken, der gefüllte Tonkrug, der Kessel mit der Suppe – alles war für ihn vorbereitet und ließ sich nicht verbergen. Bettas Gesicht bestand nur noch aus den Augen, es kostete sie eine verzweifelte Anstrengung, daß die Stimme vernehmbar klang:

»Komm her, näher, daß ich dich anrühren kann, knie hin!«

Brogio kniete schon und hatte die Hand zum Schwur erhoben.

»Du schwörst, daß sie gehen wird, daß du es wünschst – du weißt, was ich meine. Also – bei der Barke San Cristoforo – –«

Die Barke San Cristoforo war Brogios einziger Besitz; er schwur jeden Tag, und die Barke verkam am Strand. Letizia, die gehen sollte, stand in der Ecke, hörte zu und wußte, daß sie auch heute nicht gehen würde. Dann zog Brogio das verwaschene Hemd über den Kopf. Während er sich zur Blechschüssel hinunterbeugte, war es unausweichlich, daß die Blicke Bettas und Letizias einander endlich begegneten. Der sonnverbrannte Oberkörper Brogios war mit gut zwei Zoll langen schwarzen Haaren bewachsen, Brust, Bauch und Schultern ein dichtes schimmerndes Gestrüpp, nur der Rükken glänzte tief kupferrotbraun. Bettas Augen langten fiebrig herüber, aber waren wie ihre Hände, die nichts mehr halten konnten. Letizia hatte das Tuch bereit und wartete, eine

Freundin, die ihre Aufgaben kennt und sich ihnen nicht entziehen will, nur darum verbirgt sie ihr Widerstreben unter dieser ein wenig allzu deutlichen Gleichgültigkeit.
Langsam trat sie von hinten an Brogio heran. Es war die Minute, die am meisten Selbstbeherrschung verlangte. Von Tag zu Tag wurde es vergeblicher, die Augen geschlossen zu halten, denn hinter den Lidern zeichnete sich ab, was sie zu genau kannte und zu tief in sich hatte: es stieg aus dem Irdischesten auf und mündete... ah, wo gab es die Worte dafür?! Die Barke San Cristoforo glitt dahin auf den gekräuselten Wogen, und San Cristoforo selbst segnete die Fahrt, die schon beinahe ein Flug war, dorthin, wo es keine Träume mehr brauchte, weil sie längst Ereignis und Wirklichkeit sind. Vielleicht daß ihr Lauf von den Gerüchen gelenkt wird, die in der dicken Säule aus braunem haarigem Mannsfleisch den Ursprung haben, und nicht nur Letizia, auch die Frau vor ihr (sie ist mit wunderbar blauen, roten und orangenen Linien in Brogios Haut tätowiert) muß an sich halten. Letizia öffnet vorsichtig die Augen, die Frau ist wie ein Spiegelbild, das der Rücken Brogios zurückwirft, ihre üppigen Brüste gleichen denen Letizias, und ihre Augen verschwimmen, sich weitend und ohne Festigkeit, wie im letzten Widerstand. Und nun sieht sie auch den Löwen mit dem Herzen auf Brogios rechtem und die Giraffe unter den Palmen auf seinem linken Oberarm.
Der Löwe hält das blutende Herz in den Pranken, ein menschliches Herz, ohne Zweifel das Herz einer Frau, vielleicht ist es ihr eigenes, das er im nächsten Augenblick in seinem Rachen zerfleischen wird. Hilfe suchend wandte Letizia sich zur Seite, aber was von dorther auf sie eindrang, war noch schrecklicher. Drohend streckte sich ihr die Giraffe entgegen, lang und begehrlich, ein furchtbar lebendiges Ding. Denn ein daumengroßer Muskel des Oberarms ging nervös auf und ab, der Giraffenhals bewegte sich zuckend, es war wie eine Antwort, die er ihr gab, heftiger als alles, was die andern Bilder nur flüsterten. Etwas Unaufhaltsames, vor

dem Letizia in Wehrlosigkeit versank, ergriff sie, so daß die Augen Bettas, die mit einer gar nicht für möglich gehaltenen Kraft herüberstarrten, sie nichts mehr angingen und Bettas Stimme zugedeckt wurde von dem Rauschen der Palmen.
Letizia hatte fast den Atem verloren und offenbar auch die Besinnung. Aber ihre Augen wurden rund und saugend, sie bemächtigte sich des wuchtigen Oberarms, und während sie ihn krampfhaft trocken rieb, preßte sie ihn unbedenklicher an sich als sie es wußte. Wahrscheinlich machte sie damit Betta endlich klar, was diese nicht ändern konnte, oder daß sie sofort eingreifen müßte, wenn sie es ändern wollte. Wie von einer unbekannten Kraft emporgeschleudert, richtete Betta sich auf, um alles von sich zu geben, was sie gegen Letizia auf dem Herzen hatte. Aber was sie hervorbrachte, war nichts als ein Löffel Blut, das ihr schleimend vom Mund floß, während ihr Kopf vornüber sank. Brogios Augen gingen in die Richtung, aber es war als sähe er es nicht, als hindere ihn die Berührung Letizias durch das Handtuch hindurch, es zu sehen. Erst als Letizia hinüberschaute, sahen beide es zugleich.
Auf dem Heimweg vom Begräbnis ging Brogio, noch immer schluchzend, zwischen Momo und Checco, unmittelbar hinter Don Agostino. Letizia war bei den Frauen, aber an der Treppe zum Fischerhafen verabschiedete sie sich und schritt ohne Zögern auf die indigoblaue Betonkiste zu, in der Brogio wohnte. Brogio raffte sich zusammen und deutete auf Letizia:
»Gott hat es Betta zuletzt noch gegeben, daß sie erfuhr, was Freundschaft ist! Ohne Letizia hätte sie viel schlimmer leiden müssen.«
Checco entgegnete sehr deutlich, denn Don Agostino sollte es hören:
»Letizia ist mehr als tüchtig.«
Don Agostino trat zwei Schritte zurück in den Schatten des großen Leinenschirms, den Pippetto, der Gehilfe des Mesners, über ihn hielt. Don Agostino hob dabei seine kurzen

Arme und steckte die Hände über dem Chorhemd in den Gürtel der Soutane.

»Letizia«, sagte er abschließend und blinzelte ein wenig zu privat, so daß die Würde, die ihm sein hohes Amt verlieh, sich mit einem Mal nicht von selbst verstand, sondern aus den Gesichtern seiner Zuhörer beigesteuert werden mußte, »Letizia hat die Beharrlichkeit derer, die wissen, daß sie auf dem rechten Weg sind.«

MATTHIAS CLAUDIUS

Die Liebe

Die Liebe hemmet nichts;
sie kennt nicht Tür noch Riegel
Und dringt durch alles sich;

Sie ist ohne Anbeginn,
schlug ewig ihre Flügel
Und schlägt sie ewiglich.

RAHEL HUTMACHER

Warten

Weshalb warten wir hier, sagst du ungeduldig. Weshalb reißt du es nicht aus, dieses Kraut, und legst es in den Korb, und wir haben es und gehen weg.
Liebster, sage ich, wir müssen warten. Dieses Kraut hat Kinder, die gehen nachts spazieren. Es ist noch zu früh, jetzt, um es auszureißen, das Kraut; seine Kinder sind noch nicht zurück, Liebster, und ohne seine Kinder heilt es nicht.
Deine Stirne runzelt sich vor Ungeduld, deine Hände greifen nach einem Hölzchen und zerbrechen es.
Es ist schwer für dich, warten, sage ich und fühle, ich liebe dich sehr.
Ja, sagst du; ich kann nicht so ruhig sein wie du und sitzen die ganze Nacht und warten, bis diese Kinder zurückkommen vom Spazierengehen, das kann ich nicht.
Was möchtest du, sage ich und nehme deine unruhige Hand in die meine.
Ich weiß nicht, sagst du; etwas tun.
Meine Leute haben mich gewarnt. Als wir uns öfters zu treffen begannen, sagten sie: Du bist von der Katze, er ist vom Wolf, ihr seid zu verschieden, das geht nicht gut.
Zu verschieden, weshalb, sagte ich.
Die vom Wolf, sagten sie, laufen rasch und handeln rasch. Sie warten nicht, auf keinen: sie sind voller Ungeduld. Sie zweifeln nur kurze Zeit. Sie gehen in Rudeln; immer sind sie unterwegs. Du bist anders, du bist von der Katze, du gehst allein und wohnst allein. Du wartest, du näherst dich nur langsam an. Du zweifelst. Ihr seid zu verschieden, das kann nicht gutgehen.
Vielleicht, sagte ich, vielleicht; und nahm meinen Korb und ging mit dir in den Wald.
Sind sie jetzt zurück, die Kinder, sagst du, und deine Hand in der meinen zuckt vor Ungeduld.

Bald, Liebster, bald, sage ich; es wird allmählich hell. Du hast mit mir gewartet, sage ich zu dir und liebe dich sehr, auch deinen raschen Atem, auch deine unruhigen Füße. Du hast mit mir gewartet; bald werde ich mit dir kommen und mit dir laufen und tun, was für dich richtig ist. Bald, Liebster, nur noch kurze Zeit. Den Springwurz hab ich schon gefunden für mich und die Beeren vom Tagbaum schon gegessen; die Kinder des Schlafkrauts werden zurückkommen, und ich werde das Kraut ausreißen für dich und in den Korb legen, und wir werden gehen; es dauert nicht mehr lang.

THEODOR STORM

Hyazinthen

Fern hallt Musik; doch hier ist stille Nacht,
Mit Schlummerduft anhauchen mich die Pflanzen;
Ich habe immer, immer dein gedacht,
Ich möchte schlafen; aber du mußt tanzen.

Es hört nicht auf, es rast ohn Unterlaß;
Die Kerzen brennen und die Geigen schreien,
Es teilen und es schließen sich die Reihen,
Und alle glühen; aber du bist blaß.

Und du mußt tanzen; fremde Arme schmiegen
Sich an dein Herz; o leide nicht Gewalt!
Ich seh dein weißes Kleid vorüberfliegen
Und deine leichte, zärtliche Gestalt. – –

Und süßer strömend quillt der Duft der Nacht
Und träumerischer aus dem Kelch der Pflanzen.
Ich habe immer, immer dein gedacht;
Ich möchte schlafen; aber du mußt tanzen.

ÖDÖN VON HORVÁTH

Geschichte einer kleinen Liebe

Still wirds im Herbst, unheimlich still.
Es ist alles beim alten geblieben, nichts scheint sich verändert zu haben. Weder das Moor noch das Ackerland, weder die Tannen dort auf den Hügeln noch der See. Nichts. Nur, daß der Sommer vorbei. Ende Oktober. Und bereits spät am Nachmittag.
In der Ferne heult ein Hund und die Erde duftet nach aufgeweichtem Laub. Es hat lange geregnet während der letzten Wochen, nun wird es bald schneien. Fort ist die Sonne und die Dämmerung schlürft über den harten Boden, es raschelt in den Stoppeln, als schliche wer umher. Und mit den Nebeln kommt die Vergangenheit. Ich sehe Euch wieder, Ihr Berge, Bäume, Straßen – wir sehen uns alle wieder!
Auch wir zwei, du und ich. Dein helles Sommerkleidchen strahlt in der Sonne fröhlich und übermütig, als hättest du nichts darunter an. Die Saat wogt, die Erde atmet. Und schwül wars, erinnerst du dich? Die Luft summte, wie ein Heer unsichtbarer Insekten. Im Westen drohte ein Wetter und wir weit vom Dorfe auf schmalen Steig, quer durch das Korn, du vor mir – Doch, was geht das Euch an?! Jawohl, Euch, liebe Leser! Warum soll ich das erzählen? Tut doch nicht so! Wie könnte es Euch denn interessieren, ob zwei Menschen im Kornfeld verschwanden! Und dann gehts Euch auch gar nichts an! Ihr habt andere Sorgen, als Euch um fremde Liebe – und dann war es ja überhaupt keine Liebe! Der Tatbestand war einfach der, daß ich jene junge Frau begehrte, besitzen wollte. Irgendwelche »seelische« Bande habe ich dabei weiß Gott nicht verspürt! Und sie? Nun, sie scheint so etwas, wie Vertrauen zu mir gefaßt zu haben. Sie erzählte mir viele Geschichten, bunte und graue, aus Büro, Kino und Kindheit, und was es eben dergleichen in jedem Leben noch gibt. Aber all das langweilte mich und ich habe

des öfteren gewünscht, sie wäre taubstumm. Ich war ein verrohter Bursche, eitel auf schurkische Leere.
Einmal blieb sie ruckartig stehen:
»Du«, und ihre Stimme klang scheu und verwundet. »Warum läßt du mich denn nicht in Ruh? Du liebst mich doch nicht, und es gibt ja so viele schönere Frauen.«
»Du gefällst mir eben«, antwortete ich und meine Gemeinheit gefiel mir überallemaßen. Wie gerne hätte ich diese Worte noch einigemale wiederholt!
Sie senkte das Haupt. Ich tat gelangweilt, kniff ein Auge etwas zu und betrachtete die Form ihres Kopfes. Ihre Haare waren braun, ein ganz gewöhnliches Braun. Sie trug es in die Stirne gekämmt, so wie sie es den berühmten Weibern abgeguckt hatte, die für Friseure Reklame trommeln. Ja, freilich gibt es Frauen, die bedeutend schöneres Haar haben und auch sonst – Aber ach was! Es ist doch immer dasselbe! Ob das Haar dünkler oder heller, Stirn frei oder nicht –
»Du bist ein armer Teufel«, sagte sie plötzlich wie zu sich selbst. Sah mich groß an und gab mir einen leisen Kuß. Und ging. Die Schultern etwas hochgezogen, das Kleid verknüllt –
Ich lief ihr nach, so zehn Schritte, und hielt.
Machte kehrt und sah mich nicht mehr um.
Zehn Schritte lang lebte unsere Liebe, flammte auf, um sogleich wieder zu verlöschen. Es war keine Liebe bis über das Grab, wie etwa Romeo und Julia. Nur zehn Schritte. Aber in jenem Augenblick leuchtete die kleine Liebe, innig und geläutert, in märchenhafter Pracht.

CHRISTIAN FELIX WEISSE

Der Kuß

Ich war bei Chloen ganz allein
Und küssen wollt' ich sie:
Jedoch sie sprach: sie würde schrein,
Es sei vergebne Müh'!

Doch wagt' ich es und küßte sie
Trotz ihrer Gegenwehr.
Und schrie sie nicht? Jawohl, sie schrie,
Doch lange hinterher.

JOHANN WOLFGANG VON GOETHE

Das Schreien

Einst ging ich meinem Mädchen nach
Tief in den Wald hinein
Und fiel ihr um den Hals, und »Ach!«
Droht sie, »ich werde schrein.«

Da rief ich trotzig: »Ha! ich will
Den töten, der uns stört!«
»Still«, lispelt sie, »Geliebter, still!
Daß ja dich niemand hört!«

ANTON KUH

Angelina
oder: Der Blick durchs Schlüsselloch

Als Stendhal, damals Konsul in Civita Vecchia, am Vorabend seines fünfzigsten Geburtstags auf dem Kapitolinischen Hügel zu Rom wandelte und, von einem plötzlichen Bedürfnis nach Bilanz ergriffen, mit dem Spazierstock die Namen seiner Geliebten in den Sand schrieb, da passierte ihm – er hat es nachher in seinem »Leben des Henri Brulard« erzählt – etwas Sonderbares: einen dieser Namen hatte er versehentlich zweimal hingeschrieben. Er stutzte, vermerkte die Seltsamkeit und überließ es im übrigen nachgeborenen Psychoanalytikern, sich darüber den Kopf zu zerbrechen.

Stendhals »Tagebücher«, die jetzt in der von Paul Arbelet besorgten Gesamtausgabe zum erstenmal aus Grenobler Stadtarchiven ans Licht kommen (sie füllen zwei ansehnliche Bände), befassen sich zum großen Teil mit dieser Frau. Angelina war ihr Name. Zweimal, wie ihn der Dichter in den Sand schrieb, war er ihr begegnet: zuerst im Jahre 1801, als er blutjung und im Range eines Dragoner-Fähnrichs mit Napoleons Truppen nach Mailand kam; und dann genau zehn Jahre später, auf einer Urlaubsreise, die der nunmehr achtundzwanzigjährige Auditor im Staatsrat und Inspektor der »Kronmobilien« durch Oberitalien unternahm. Zehn Jahre lang hatte er von der schönen, unnahbaren Frau, Gattin des Signor Pietragrua, geträumt. In seinem Herzen, diesem Mausoleum der Verliebtheiten, hatte sie den Rang der Unerreichbarkeit. Er war zu schüchtern gewesen, sie zu bestürmen. Heute, zum Wissenschaftler der erotischen Strategie gereift, Kenner der Belagerungsgesetze, wird er eisenstirnig sein! ...

Er besucht sie, wird von ihr nicht wiedererkannt. Plötzlich zuckt ein Lachen um ihren Mund, sie stößt einen Schrei aus: »Das ist ja der Chinese!« Stendhal ist entzückt, den alten

Spitznamen wieder zu hören, den sie ihm vor einem Jahrzehnt verliehen hat. Er notiert unter dem 8. September die erste Stufe der steigenden Handlung.
Sonst ein Gourmet der Werbung, der sein Glück darin findet, sich Zeit zu lassen und sogar die Hoffnungslosigkeit wie einen Zaubertrank in sich zu schlürfen, befolgt er diesmal die Regel der Attacke. Am 21. September, kaum zwei Wochen später, wird er den Sturz der Festung notieren dürfen. Was liegt dazwischen?... Bei der ersten Begegnung bereits hatte er ihr die Liebe von damals gestanden. »Warum haben Sie es mir denn nicht gesagt?« ist ihre Antwort. Dieses Gradheraus entzückt Stendhal. Es macht ihn um so mutiger, als sie hinzufügt: »Ich habe seither viele Dummheiten angestellt.«
Zweite Stufe: Er beschließt, einen Spazierstock zu kaufen. (Man erinnere sich des Fünfzigjährigen auf dem Kapitolinischen Hügel...!) Ein solcher Stock ist für damalige Begriffe eine Neuheit, höchstes Gigerltum, verleiht dem Träger ein Air von Leichtsinn und Feschheit. Stendhal, Don Juan und Don Quixote in einem, will also vor ihr fesch aussehen. »Ich glaubte«, schrieb er ins Tagebuch, »daß mich ein Spazierstock um vier Jahre jünger machen würde.« Und stellt beim ersten Blick in den Spiegel fest, daß ihm der neue Stock zugleich das Aussehen eines »Mannes der großen Welt« und eines »Homme à femmes« verleihe. »Der Einfluß solcher kleiner Dinge«, schreibt er, »ist in meinem Fall nicht zu unterschätzen.«
Der Stock war nur Beginn und Merkmal. Wie es Menschen gibt, die sich zuerst eine neue Krawatte anschaffen und hernach zu ihr und um sie herum: Hut, Hemd, Schuhwerk und Anzug, so wird dem neuen Stock ein Wirkungsmilieu beigestellt, das die Hauptsache ausmacht: er geht dem Stock zuliebe in die Mailänder Museen, trägt ihn am Abend in die Oper, nimmt sich zu ihm einen hübschen, offenen Wagen. In ihrer Summe verfehlen diese Auffälligkeiten ihre Wirkung nicht. Aber ihn selber machen sie zunächst melancholisch: »Ich

verfiel einem schrecklichen Trübsinn. Diese Betrübtheit kam zum großen Teil davon, daß manchmal tausend Gedächtnisquellen meines Glücks – plötzlich versiegten. Die Scala konnte mir nicht den Genuß geben, den mir die Erinnerung an zarte und melancholische Gefühle einflößte, welche ich einst hatte kosten dürfen ...« Er ist verliebt! vorsätzlich wie immer (und jedermann?).

Bereits am 12. September ist die Peripetie: »Als ich sie küssen wollte, sagte sie: ›Bekommen – niemals nehmen!‹ Ich kam also um das Vergnügen gegebener ... doch nicht um das empfangener Küsse ... Sie weinte, wir umarmten und duzten uns. Mehreremale wiederholte sie: ›Fahr weg ... ich weiß, daß du abreisen mußt, damit ich meine Ruhe wieder habe. Morgen vielleicht werde ich nicht mehr den Mut haben, dir das zu sagen ...‹«

Am 19. – noch vor dem Sieg! – trägt Stendhal den Satz ins Tagebuch ein: »Sie liebt mich – das ist langweilig.«

Er entschließt sich, ihren Wunsch zu erfüllen und abzureisen. Am Morgen des 21. kommt er zum Abschiedsbesuch, um zu sagen, daß es aus ist. Am Abend dieses Tages schreibt er folgenden Satz auf seine Hosenträger: »Am 21. September, at onze heures, trug ich diesen so lang ersehnten Sieg davon ...«

Zehn Jahre Traum – und ein Hosenträger-Nekrolog?

Nein, der Zynismus war nur gespielt, die Strenge eines unnachsichtigen Selbstbeobachters gegen die eigenen Illusionen. In Wirklichkeit genoß Stendhal das »après« immer genau so innig, wie das »avant« ... er bleibt standhaft in der Rolle des unglücklich Verliebten; ja, es war, als legte er sich auch noch auf den Weg der Desillusion Steine, um sich diesen Genuß nicht zu schmälern. Das Nachspiel dieser Abschiedsstunde, die er im Geiste eines Brantôme protokollierte, dauerte – ein ganzes Leben. Er fuhr weg, kam wieder, reiste ab. War er bei ihr, so schien ihm ihre Nähe unerträglich, war er fern, erwachte die Leidenschaft. Er liebte – wie jedesmal ein Idol, die Erreichbarkeit war ihm zu schmerzlos. Das Spiel ging vier Jahre. Es endete wie in einem Mozart-Libretto: eine

Kammerzofe, die sich über seine Treue lustig machte, ließ ihn eines Tages durchs Schlüsselloch ins Zimmer der Herrin sehen ... Was er da, in Angelinas Zimmer, sah, hat er keusch verschwiegen. Doch die Geschichte einer Leidenschaft, die mit einem Blick durchs Schlüsselloch endet, hat er dann in seinem wunderbaren Roman »Lucian Leuwen« aufgeschrieben ... viele Jahre später. Er blieb der Treulosen treu, einem Fragment seines Lebens, das er nie fortsetzte und doch immer noch zu vollenden hoffte – so wie er keinen seiner Romane bis zum Schlußpunkt komponieren wollte, weder die gelebten, noch die geschriebenen ...

EUGEN GOMRINGER

dein leib
mein blick

dein leib
meine kraft

dein leib
meine freude

dein leib
meine trauer

dein leib
mein schweigen

HELMUT HEISSENBÜTTEL

Shortstory

er hatte es mit ihr sie hatte es mit ihm
was hatte er mit ihr was hatte sie mit ihm
er hatte es auch mit dem da sie hatte es auch mit der da
was hatte er auch mit dem da was hatte sie auch mit der da
er hatte es mit ihr und auch mit dem da
was hatte er mit ihr und auch mit dem da
sie hatte es mit ihm und auch mit der da
was hatte sie mit ihm und auch mit der da

er hatte es mit sich selbst sie hatte es mit sich selbst
was hatte er mit sich selbst was hatte sie mit sich selbst

er hatte es hatte er es sie hatte es hatte sie es

er hatte es mit ihr und auch mit dem da und mit sich selbst
sie hatte es mit ihm und auch mit der da und mit sich selbst
er hatte es mit ihr und auch mit dem da und mit sich selbst
und sogar mit der da sie hatte es mit ihm und auch mit der
da und mit sich selbst und sogar mit dem da der da hatte es
mit ihm und ihr und der da die da hatte es mit ihr und ihm
und dem da hatte der da es auch mit sich selbst hatte die da
es auch mit sich selbst

g   o   tt

p

q

r

adam s
ripp e
a
dam
ipp et
am   a   d
pp e
m u
a   d   a
p e

eva   d   a   m

H. C. ARTMANN

mein herz

mein herz ist das lächelnde kleid eines nie erratenen
  gedankens
mein herz ist die stumme frage eines bogens aus elfenbein
mein herz ist der frische schnee auf der spur junger vögel
mein herz ist die abendstille geste einer atmenden hand
mein herz liegt in glänzend weißen kästchen aus musselin
mein herz trinkt leuchtend gelbes wasser von der
  smaragdschale
mein herz trägt einen seltsamen tierkreis aus zartestem gold
mein herz schlägt fröhlich im losen regnen der
  mittwintersterne.

UNBEKANNTER VERFASSER

Allegorisch Sonnet

Amanda liebstes kind / du brustlatz kalter hertzen /
  Der liebe feuerzeug / goldschachtel edler zier /
  Der seuffzer blasebalg / des traurens lösch-papier /
Sandbüchse meiner pein / und baum-öhl meiner schmertzen /
Du speise meiner lust / du flamme meiner kertzen /
  Nachtstülchen meiner ruh / der Poesie clystier /
  Des mundes alecant / der augen lust-revier /
Der complimenten sitz / du meisterin zu schertzen /
  Der tugend quodlibet / calender meiner zeit /
  Du andachts-fackelchen / du quell der fröligkeit /
Du tieffer abgrund du voll tausend guter morgen /
  Der zungen honigseim / des hertzens marcipan /
  Und wie man sonsten dich mein kind beschreiben kan.
Lichtputze meiner noth / und flederwisch der sorgen.

PETER HILLE

Abbild

Seele meines Weibes, wie zartes Silber bist du.
Zwei flinke Fittiche weißer Möwen
Deine beiden Füße.
Und dir im lieben Blute auf
Steigt ein blauer Hauch
Und sind die Dinge darin
Alle ein Wunder.

ELSE LASKER-SCHÜLER

Ein alter Tibetteppich

Deine Seele, die die meine liebet,
Ist verwirkt mit ihr im Teppichtibet.

Strahl in Strahl, verliebte Farben,
Sterne, die sich himmellang umwarben.

Unsere Füße ruhen auf der Kostbarkeit,
Maschentausendabertausendweit.

Süßer Lamasohn auf Moschuspflanzenthron,
Wie lange küßt dein Mund den meinen wohl
Und Wang die Wange buntgeknüpfte Zeiten schon?

JOHANN PETER HEBEL

Hochzeit auf der Schildwache

Ein Regiment, das sechs Wochen lang in einem Dorfbezirk in Kantonierung gelegen war, bekam unversehens in der Nacht um zwei Uhr Befehl zum plötzlichen Aufbruch. Also war um drei Uhr schon alles auf dem Marsch, bis auf eine einsame Schildwache draußen im Feld, die in der Eile vergessen wurde und stehen blieb. Dem Soldaten auf der einsamen Schildwache wurde jedoch zuerst die Zeit nicht lang, denn er schaute die Sterne an und dachte: ›Glitzert ihr, solange ihr wollt, ihr seid doch nicht so schön als zwei Augen, welche jetzt schlafen in der untern Mühle.‹ Gegen fünf Uhr jedoch dachte er: ›Es könnte jetzt bald drei sein.‹ Allein niemand wollte kommen, um ihn abzulösen. Die Wachtel schlug, der Dorfhahn krähte, die letzten Sterne, die selbigen Morgen noch kommen wollten, waren aufgegangen, der Tag erwachte, die Arbeit ging ins Feld, aber noch stand unser Musketier unabgelöst auf seinem Posten. Endlich sagte ihm ein Bauersmann, der auf seinen Acker wandelte, das ganze Bataillon sei ausmarschiert schon um drei Uhr, kein Gamaschenknopf sei mehr im Dorf, noch weniger der Mann dazu. Also ging der Musketier unabgelöst selber ins Dorf zurück. Des Hausfreunds Meinung wäre, er hätte jetzt den Doppelschritt anschlagen und dem Regiment nachziehen sollen. Allein der Musketier dachte: ›Brauchen sie mich nimmer, so brauch ich sie auch nimmer.‹ Zudem dachte er: ›Es ist nicht zu trauen. Wenn ich ungerufen komme und mich selber abgelöst habe, so kanns spanische Nudeln absetzen‹; er meinte Röhrlein. Zudem dachte er: ›Der untere Müller hat ein hübsches Mägdlein, und das Mägdlein hat einen hübschen Mund, und der Mund hat holde Küsse‹, und ob sonst schon etwas mochte geschehen sein, geht den Hausfreund nichts an. Also zog er das blaue Röcklein aus und verdingte sich in dem Dorf als Bauernknecht, und wenn ihn jemand fragte, so antwortete er wie jener Hüninger Deserteur, es sei ihm ein Unglück begegnet, sein Regiment sei ihm abhanden gekommen. Brav war der Bursche, hübsch war er auch, und die Arbeit ging ihm aus den Händen flink und recht. Zwar war er arm, aber desto besser schickte sich für ihn des Müllers Töchterlein, denn der Müller hatte Batzen. Kurz, die Heirat kam zustande. Also lebte das junge Paar in Liebe und Frieden glücklich beisammen und bauten ihr Nestlein. Nach Verlauf von einem Jahr aber, als er eines Tages von dem Felde heimkam, schaute ihn seine Frau bedenklich an: »Fridolin, es ist jemand dagewesen, der dich nicht freuen wird.« – »Wer?« – »Der Quartiermacher von deinem Regiment; in einer Stunde sind sie wieder da.« Der alte Vater lamentierte, die Tochter lamentierte und sah mit nassen Augen ihren Säugling an. Denn überall gibt es Verräter. Der Fridolin aber nach kurzem Schrecken sagte: »Laßt mich gewähren. Ich kenne den Obrist.« Also zog er das blaue Röcklein wieder an, das er zum ewigen Andenken hatte aufbewahren wollen, und sagte seinem Schwiegervater, was er tun soll. Hernach nahm er das Gewehr auf die Achsel und ging wieder auf seinen Posten. Als aber das Bataillon eingerückt war, trat der alte Müller vor den Obristen. »Habt doch ein Einsehen, Herr General, mit dem armen Menschen, der vor einem Jahr auf den Posten gestellt worden ist draußen an der Waldspitze. Ist es auch permittiert, eine Schildwache ein geschlagenes Jahr lang stehen zu lassen auf dem nämlichen Fleck und nicht abzulösen?« Da schaut der Obrist den Hauptmann an, der Hauptmann schaute den Unteroffizier an, der Unteroffizier den Gefreiten, und die halbe Kompanie, alte gute Bekannte des Vermißten, liefen hinaus, die einjährige Schildwache zu sehen und wie der arme Mensch müsse zusammengeschmoret sein, gleich einem Borstdorfer Äpfelein, das schon vier Jahre am Baum hängt. Endlich kam auch der Gefreite, der nämliche, der ihn vor zwölf Monaten auf den Posten geführt hatte, und löste ihn ab: »Präsentiert das Gewehr, das Gewehr auf die Schulter, marsch«, nach soldatischem Herkommen und Gesetz. Hernach mußte er vor dem

Obristen erscheinen, und seine junge, hübsche Frau mit ihrem Säugling auf den Armen begleitete ihn und mußten ihm alles erzählen. Der Obrist aber, der ein gütiger Herr war, schenkte ihm einen Federntaler und half ihm hernach zu seinem Abschied.

RICARDA HUCH

Wo hast du all die Schönheit hergenommen

Wo hast du all die Schönheit hergenommen,
Du Liebesangesicht, du Wohlgestalt!
Um dich ist alle Welt zu kurz gekommen.
Weil du die Jugend hast, wird alles alt,
Weil du das Leben hast, muß alles sterben,
Weil du die Kraft hast, ist die Welt kein Hort,
Weil du vollkommen bist, ist sie ein Scherben,
Weil du der Himmel bist, gibt's keinen dort!

GÜNTER GRASS

März

Schon wieder mischen sie Beton.
Von rostiger Armierung taut
die letzte Hemmung, Fertigteile
verfügen sich und stehen stramm:
Komm. Paß dich an. Komm. Paß dich an.
Als meine Wut den Horizont verbog,
als ich den Müll nicht schlucken wollte,
als ich mit kleinen spitzen Verben
Bereifung schlitzte, – Warum parken Sie? –
als ich den Pudding durch ein Haarsieb hetzte
und ihm sein rosa Gegenteil bewies,
als ich mir Schatten fing, als Schattenfänger
bezahlt, danach veranlagt wurde,
als ich die Nägel himmelwärts
durch frischgestrichne Bänke trieb,
als ich Papier, mit Haß bekritzelt,
zu Schiffchen faltete und schwimmen ließ,
als Liebe einen Knochen warf
und meine Zunge sich Geschmack erdachte,
als ich beschloß, die Gürtelrose zu besprechen,
nur weil im Welken noch drei Gramm Genuß,
als ich, es nieselte, die Bronze leckte
und schwellenscheu die Fotzen heilig sprach,
als meine Finger läufig wurden
und längs den Buden jedes Astloch deckten,
als ich die Automaten, bis game over,
bei kleinen Stößen Klingeln lehrte,
als jede Rechnung unterm Strich
auf minus neunundsechzig zählte,
als ich bei Tauben lag und schwören mußte:
Nie wieder werde ich mit Möwen! –
als ich ein Ohr besprang, um Ablaß bat:

Zu trocken sind die Engel und zu eng! –
als nur noch Kopfstand mir Vokabeln gab:
Ich liebe dich. Ich liebe dich. –
Als Winterfutter aus den Mänteln
geknöpft und eingemottet wurde,
als sich das Treibhaus bunt erbrach, –
Lautsprecher in den März gestellt, –
als Kitzel Krätze Fisch und Lauch
sich stritten, brach der Frühling aus:
Ich hab genug. Komm. Zieh dich aus.

AUGUST STRAMM

Trieb

Schrecken Sträuben
Wehren Ringen
Ächzen Schluchzen
Stürzen
du!
Grellen Gehren
Winden Klammern
Hitzen Schwächen
ich und du!
Lösen Gleiten
Stöhnen Wellen
Schwinden Finden
ich
dich
du!

JOHANN WOLFGANG VON GOETHE

Hatem

Nicht Gelegenheit macht Diebe,
Sie ist selbst der größte Dieb;
Denn sie stahl den Rest der Liebe
Die mir noch im Herzen blieb.

Dir hat sie ihn übergeben
Meines Lebens Vollgewinn,
Daß ich nun, verarmt, mein Leben
Nur von dir gewärtig bin.

Doch ich fühle schon Erbarmen
Im Karfunkel deines Blicks
Und erfreu in deinen Armen
Mich erneuerten Geschicks.

MARIANNE VON WILLEMER

Suleika

Hochbeglückt in deiner Liebe
Schelt ich nicht Gelegenheit;
Ward sie auch an dir zum Diebe,
Wie mich solch ein Raub erfreut!

Und wozu denn auch berauben?
Gib dich mir aus freier Wahl;
Gar zu gerne möcht ich glauben –
Ja! ich bins die dich bestahl.

Was so willig du gegeben
Bringt dir herrlichen Gewinn,
Meine Ruh, mein reiches Leben
Geb ich freudig, nimm es hin.

Scherze nicht! Nichts von Verarmen!
Macht uns nicht die Liebe reich?
Halt ich dich in meinen Armen,
Jedem Glück ist meines gleich.

RAINER MARIA RILKE

Liebes-Lied

Wie soll ich meine Seele halten, daß
sie nicht an deine rührt? Wie soll ich sie
hinheben über dich zu andern Dingen?
Ach gerne möcht ich sie bei irgendwas
Verlorenem im Dunkel unterbringen
an einer fremden stillen Stelle, die
nicht weiterschwingt, wenn deine Tiefen schwingen.
Doch alles, was uns anrührt, dich und mich,
nimmt uns zusammen wie ein Bogenstrich,
der aus zwei Saiten *eine* Stimme zieht.
Auf welches Instrument sind wir gespannt?
Und welcher Geiger hat uns in der Hand?
O süßes Lied.

Verlieren

KARL KROLOW

Was mit der Liebe war

Was mit der Liebe war, ist nachzulesen.
Erinnern steht auf einem andern Blatt.
Man wendet es und in den Fingern hat
man nur Papier. Und ob es so gewesen

und wie es zwischen zweien wirklich war,
verschweigt sich und es bleibt verschwiegen.
Wer wußte, was er tat: am Boden liegen,
Umarmung, Abschied, während Jahr um Jahr

verging und das was bodenlos
noch gestern schien, gilt heute bloß
als Augenblick, in den man sich verlor.

Was war? Was wird? Manches ist unvergessen.
Und übrig bleibt von dem, was man besessen,
das Raunen ferner Namen uns am Ohr.

EDUARD MÖRIKE

Das verlassene Mägdlein

Früh, wann die Hähne krähn,
Eh die Sternlein verschwinden,
Muß ich am Herde stehn,
Muß Feuer zünden.

Schön ist der Flammen Schein,
Es springen die Funken;
Ich schaue so drein,
In Leid versunken.

Plötzlich, da kommt es mir,
Treuloser Knabe,
Daß ich die Nacht von dir
Geträumet habe.

Träne auf Träne dann
Stürzet hernieder;
So kommt der Tag heran
O ging' er wieder!

JOSEPH VON EICHENDORFF

Das zerbrochene Ringlein

In einem kühlen Grunde
da geht ein Mühlenrad,
mein' Liebste ist verschwunden,
die dort gewohnet hat.

Sie hat mir Treu' versprochen,
gab mir ein'n Ring dabei,
sie hat die Treu' gebrochen,
mein Ringlein sprang entzwei.

Ich möcht' als Spielmann reisen
weit in die Welt hinaus
und singen meine Weisen
und geh'n von Haus zu Haus.

Ich möcht' als Reiter fliegen
wohl in die blut'ge Schlacht,
um stille Feuer liegen
im Feld bei dunkler Nacht.

Hör' ich das Mühlrad gehen:
Ich weiß nicht, was ich will –
ich möcht' am liebsten sterben,
da wär's auf einmal still!

ILSE AICHINGER

Chinesischer Abschied

Wir legen uns heute nieder,
doppelt nieder,
wer uns wecken will,
möge es sanft tun,
er möge seine Stimme schonen
und auch sein Herz,
denn beide sind kostbar.

THEODOR STORM

Wer je gelebt in Liebesarmen

Wer je gelebt in Liebesarmen,
Der kann im Leben nie verarmen;
Und müßt er sterben fern, allein,
Er fühlte noch die sel'ge Stunde,
Wo er gelebt an ihrem Munde,
Und noch im Tode ist sie sein.

HELMUT ZENKER

Dantons Tod

Ernst Bucksch, 48, in der Eingangstür, in der rechten Hand die heutige Post aus der Briefanlage im Hochparterre, in der anderen eine mit Veltliner gefüllte, oben offene Bierflasche, drückt die Tür hinter sich mit dem Hintern zu. Den Wein nimmt er sich jeden Tag aus dem Wirtshaus beim Kino mit. Bucksch legt die Zeitung und die Einzahlungslochkarte der Elektrizitätswerke auf den Eiskasten, bevor er ins Zimmer weitergeht.

Ernestine Bucksch, 50, in der Küche, die nur durch einen gefleckten Vorhang vom Vorzimmer getrennt ist, dreht das Licht auf und wärmt das Essen. Bucksch kommt immer kurz vor den Fernsehnachrichten. Er steht mit der Bierflasche vor dem Fernsehapparat, bis das Bild erscheint. Die Bucksch stellt ihm einen Teller mit dem Erdäpfelgulasch und dem fertig gekauften Fisolensalat hin. Er bemerkt gleich, daß der Salat gekauft ist.

Nicht den kleinsten Dreck kannst du selber machen, sagt er.

Sie weiß, was danach kommt, kommen muß, weil es immer bei solchen Gelegenheiten kommt: seine minutenlangen Hinweise, daß er die Wohnung selbst eingerichtet hat. Außer der Doppelbettcouch kein einziges gekauftes Möbelstück. Sie schließt die Tür mit dem rechteckigen Glasfenster, sitzt in der Küche und redet auf den Kanari ein.

Gegen acht ist sie wieder im Zimmer, sitzt etwa zwei Meter weiter auf der gleichen gepolsterten Bank, auf der auch Bucksch sitzt. Er hat noch keinen Bissen gegessen.

Sie sagt: Du läßt alles kalt werden.

Ich lasse alles kalt werden, sagt er. Ich lasse alles kalt werden.

Sie ist ruhig, lehnt sich nach vorn, bis ihre Ellbogen auf der Tischplatte sind, und schaut auf den Fernsehapparat, den sie seit 57 haben.

Während der Werbefilme steht Bucksch auf, steigt aus seiner

dunkelbraunen Hose und hängt sie ordentlich über den Kleiderhaken. Er überprüft mehrmals, ob die Bügelfalten genau übereinanderliegen, bevor er zufrieden ist. Der ganze Vorgang dauert über fünf Minuten, weil Buckschs Vorgangsweise umständlich ist. Dann hält er den Kleiderhaken seiner Frau vor die Nase.

Ein Kunstwerk, sagt er. Ein Kunstwerk. Nicht?

Bucksch legt die Hose mit dem Haken sorgfältig und überaus langsam auf die Doppelcouch und setzt sich in der langen Unterhose zu seinem kalten Essen, von dem er nicht aufschaut.

Das Abendprogramm fängt an. Eine Theaterübertragung. Festwochen. Nach zehn Minuten will Bucksch das Bett gemacht haben. Seine Bierflasche ist leer. Er trägt sie hinaus in die Küche, wo er sie auf den gewohnten Platz neben die Waschmuschel stellt, um sie am Morgen nicht zu vergessen.

Ernestine Bucksch deckt die Couch ab. Die Hose auf dem Kleiderhaken wirft sie über den Tisch auf die Bank. Dann dreht sie den Fernsehapparat leiser.

BERT BRECHT

Gesang von der Frau

1. Abends am Fluß in dem dunklen Herz der Gesträucher sehe ich manchmal wieder ihr Gesicht, der Frau, die ich liebte: meiner Frau, die nun gestorben ist.

2. Es ist viele Jahre her, und zuzeiten weiß ich nichts mehr von ihr, die einst alles war, aber alles vergeht.

3. Und sie war in mir wie ein kleiner Wacholder in mongolischen Steppen, konkav mit fahlgelbem Himmel und großer Traurigkeit.

4. Wir hausten in einer schwarzen Hütte am Fluß. Die Stechfliegen zerstachen oft ihren weißen Leib, und ich las die Zeitung siebenmal oder ich sagte: dein Haar ist schmutzfarben. Oder: du hast kein Herz.

5. Doch eines Tages, da ich mein Hemd wusch in der Hütte, ging sie an das Tor und sah mich an und wollte hinaus.

6. Und der sie geschlagen hatte, bis er müde war, sagte: mein Engel –

7. Und der gesagt hatte: ich liebe dich, führte sie hinaus und sah lächelnd hin in die Luft und lobte das Wetter und gab ihr die Hand.

8. Da sie nun draußen war in der Luft, und es ward öde in der Hütte, schloß er das Tor zu und setzte sich hinter die Zeitung.

9. Seitdem habe ich sie nicht mehr gesehen, und einzig von ihr blieb der kleine Schrei, den sie machte, als sie zurück an das Tor kam am Morgen, da es schon zu war.

10. Nun ist die Hütte verfault und die Brust ausgestopft mit Zeitungspapier, und ich liege abends am Fluß im dunklen Herz der Gesträucher und erinnere mich.

11. Der Wind hat Grasgeruch im Haar, und das Wasser schreit unaufhörlich um Ruhe zu Gott, und auf meiner Zunge habe ich einen bitteren Geschmack.

JAKOB MICHAEL REINHOLD LENZ

Piramus und Thisbe

Der junge Piramus in Babel
Hatt' in der Wand
Sich nach und nach mit einer heißen Gabel
Ein Loch gebrannt.

Hart an der Wand da schlief sein Liebchen,
Die Thisbe hieß
Und ihr Papa auf ihrem Stübchen
Verderben ließ.

Die Liebe geht so wie Gespenster
Durch Holz und Stein.
Sie machten sich ein kleines Fenster
Für ihre Pein.

Da hieß es: liebst du mich? da schallte:
Wie lieb' ich dich!
Sie küßten stundenlang die Spalte
Und meinten sich.

Geraumer ward sie jede Stunde
Und mancher Kuß
Erreichte schon von Thisbens Munde
Herrn Piramus.

In einer Nacht, da Mond und Sterne
Vom Himmel sahn,
Da hätten sie die Wand so gerne
Beiseits getan.

Ach Thisbe! weint er, sie zurücke
Ach Piramus!
Besteht denn unser ganzes Glücke
In einem Kuß!

Sie sprach, ich will mit einer Gabe
Als wär' ich fromm,
Hinaus bei Nacht zu Nini Grabe,
Alsdann so komm!

Dies darf mir der Papa nicht wehren,
Dann spude dich.
Du wirst mich eifrig beten hören,
Und tröste mich.

Ein Mann ein Wort! Auf einem Beine
Sprang er für Lust:
Auf morgen nacht da küß' ich deine
Geliebte Brust.

Sie, Opferkuchen bei sich habend,
Trippt durch den Hain,
Schneeweiß gekleidt, den andern Abend
Im Mondenschein.

Da fährt ein Löwe aus den Hecken,
Ganz ungewohnt,
Er brüllt so laut: sie wird vor Schrecken
Bleich wie der Mond.

Ha, zitternd warf sie mit dem Schleier
Den Korb ins Gras
Und lief, indem das Ungeheuer
Die Kuchen aß.

Kaum war es fort, so mißt ein Knabe
Mit leichtem Schritt
Denselben Weg zu Nini Grabe –
Der rückwärts tritt,

Als hätt' ein Donner ihn erschossen.
Den Löwen weit –
Und weiß im Grase hingegossen
Der Thisbe Kleid. –

Plump fällt er hin im Mondenlichte:
So fällt vom Sturm
Mit unbeholfenem Gewichte
Ein alter Turm.

O Thisbe, so bewegen leise
Die Lippen sich,
O Thisbe, zu des Löwen Speise
Da schick' ich mich.

Zu hören meine treuen Schwüre
Warst du gewohnt;
Sei Zeuge wie ich sie vollführe,
Du falscher Mond!

Die kalte Hand fuhr nach dem Degen
Und dann durchs Herz.
Der Mond fing an sich zu bewegen
Für Leid und Schmerz.

Ihn suchte Zephir zu erfrischen,
Umsonst bemüht.
Die Vögel sangen aus den Büschen
Sein Totenlied.

Schnell rauschte Thisbe durch die Blätter
Und sah das Gras,
Wie unter einem Donnerwetter,
Von Purpur naß.

O Gott, wie pochte da so heftig
Ihr kleines Herz!
Das braune Haupthaar ward geschäftig,
Stieg himmelwärts.

Sie flog – hier zieht, ihr blassen Musen,
Den Vorhang zu!
Dahinter ruht sie, Stahl im Busen:
O herbe Ruh!

Der Mond vergaß sie zu bescheinen,
Vor Schrecken blind.
Der Himmel selbst fing an zu weinen
Als wie ein Kind.

Man sagt vom Löwen, sein Gewissen
Hab' ihn erschröckt,
Er habe sich zu ihren Füßen
Lang hingestreckt.

O nehmt, was euch sein Beispiel lehret,
Ihr Alten, wahr!
Nehmt euch in acht, ihr Alten! störet
Kein liebend Paar.

FRANZ KAFKA

Ich liebte ein Mädchen

Ich liebte ein Mädchen, das mich auch liebte, ich mußte es aber verlassen.
Warum?
Ich weiß nicht. Es war so, als wäre sie von einem Kreis von Bewaffneten umgeben, welche die Lanzen nach auswärts hielten. Wann ich mich auch näherte, geriet ich in die Spitzen, wurde verwundet und mußte zurück. Ich habe viel gelitten.
Das Mädchen hatte daran keine Schuld?
Ich glaube nicht, oder vielmehr, ich weiß es. Der vorige Vergleich war nicht vollständig, auch ich war von Bewaffneten umgeben, welche ihre Lanzen nach innen, also gegen mich hielten. Wenn ich zu dem Mädchen drängte, verfing ich mich zuerst in den Lanzen meiner Bewaffneten und kam schon hier nicht vorwärts. Vielleicht bin ich zu den Bewaffneten des Mädchens niemals gekommen und wenn ich hingekommen sein sollte, dann schon blutend von meinen Lanzen und ohne Besinnung.
Ist das Mädchen allein geblieben?
Nein, ein anderer ist zu ihr vorgedrungen, leicht und ungehindert. Ich habe, erschöpft von meinen Anstrengungen, so gleichgültig zugesehen, als wäre ich die Luft, durch die sich ihre Gesichter im ersten Kuß aneinanderlegten.

SARAH KIRSCH

Trennung

Jeder trinkt seinen Whisky für sich
»Three Swallows« er / »Four Roses« ich

ARTHUR SCHNITZLER

Die überspannte Person

Ein Akt

Ein möbliertes Zimmer; geschmackvoll, aber nicht recht heimlich. Vor den Fenstern sind Stores, die das Zimmer mäßig verdunkeln, die Dämmerung ist nahe, es ist fünf Uhr nachmittags, Ende März. Sie sitzt auf einem Sessel und hat die Hände auf den Tisch gestützt. Sie hat noch den Hut auf; der schwarze Schleier und der schlanke Schirm liegen auf dem Sofa. Er tritt ein; Frühjahrsüberzieher, kleiner moderner Hut. Veilchenbouquet im Knopfloch; Zigarette, Spazierstock. Er ist gut gelaunt. Sie sieht auf, wie er kommt, steht langsam auf, reicht ihm die Lippen zum Kusse.

ER *während er sie küßt, nimmt den Hut ab und wirft ihn aufs Bett* Guten Abend, mein Herz! Schon früher da als ich! Das ist einmal lieb! – Was, das ist heut' ein entzückendes Wetter! – Schau, – Überzieher! – *legt ihn ab, gibt ihr das Veilchenbouquet.*

SIE *daran riechend und es dann an ihre Lippen haltend* Danke! –

ER Ich bin spazieren gegangen, über den Ring. Masse Leute! – *Setzt sich, nimmt sie bei der Hand* Wie geht's dir denn? – Was macht denn der Herr Gemahl? – *Da sie leicht zusammenzuckt* Pardon! – aber ich kann mir nicht helfen; er ist mir gerad' zu sympathisch. Na, also erzähl', wie war's denn gestern im Theater?

SIE Es war ganz hübsch; wir sind aber nicht bis zum Schluß geblieben.

ER So. – Hast du an mich gedacht? – Viel? –

SIE *sieht ihm nur ins Auge, dann küßt sie ihn mit einem langen Kuß.*

ER *aufstehend* Weißt du, was eigentlich recht schade ist? – Daß wir die Fenster nicht aufmachen können und gemütlich hinunterschauen!

SIE Wie andere Menschen, die sich lieb haben.

ER Ja, und dann ist es sehr amüsant. Ich habe nämlich die Beobachtung gemacht, daß diese Gasse der Rendezvousplatz der Liebespaare von der ganzen Wieden ist ... à propos, weißt du, wer heute auf dem Ring war? Das allerneueste Brautpaar, deine Cousine Elly mit Bräutigam! Und stolz, sag ich dir! Immerfort hat sie so herumgeschaut: Was sagt ihr dazu – ich bin eine große Dame, ich habe mich verlobt!

SIE *lächelt.*

ER Vorm Hochleitner steh'n schon die Tische draußen – denk' dir, im März, womit natürlich nicht gesagt ist, daß es morgen nicht wieder schneit. Mit dem Eislaufen wird es allerdings endgültig vorbei sein. – Im Zimmer ist es kühler als draußen; nicht? – Da hätte man wirklich einheizen können. – Ist dir nicht kalt, Schatz? –

SIE *ist bei ihm, an seine Brust gelehnt, nickt verneinend mit dem Kopf.*

ER Was bist du denn gar so still, Herzerl?

SIE *einfach* Ich muß dir 'was Ernstes sagen.

ER Na, geh. Geht ihr am Ende wirklich über Ostern nach Abbazia? – Nein? – *mit sehr korrekter Besorgnis* oder geht's deiner Schwester schlechter?

SIE O nein, sie ist schon außer Bett. –

ER Da bin ich aber wirklich froh. – Was ist's denn also?

SIE *wie oben* Ich – werde Mutter.

ER Im Ernst? – Nein!

SIE *nickt.*

ER Was sagt denn der Herr Gemahl dazu?

SIE *leicht zurückweichend* Mein Mann – ? –

ER Hast du's ihm noch nicht gesagt? –

SIE *befremdet* Meinem Mann –?

ER Ja was hast du denn?

SIE Ob ich's meinem Mann gesagt habe? –

ER Nun ja! –

SIE Wie kann ich's ihm denn sagen?

ER Du wirst's ja doch wohl tun müssen.

SIE Ich werde es – tun – müssen –?

ER Natürlich wirst du's ihm anders mitteilen als mir. Seinem Ehemann flüstert man's ja errötend ins Ohr, nicht wahr? –

SIE *sieht ihn groß an.*

ER Er wird sich riesig freuen, wie? – Was regst du dich denn gar so sehr darüber auf! –

SIE Machst du dich über mich lustig?

ER Ich?

SIE Du glaubst – du kannst glauben? du glaubst, daß mein Mann –

ER *langsam beginnt er zu verstehen* Na, ja, du bist ja schließlich verheiratet, und da...

SIE *ausbrechend* Du kannst glauben, daß er mich berührt hat – seit ich dir gehöre –?

ER *befangen* Schau, Kind – ich weiß ja, – ich habe ja nicht geahnt...

SIE Das hast du glauben können! –

ER *versucht sie zu beruhigen* Ja, siehst du, – es ist ja – du bist wirklich ein Engel... daß eine Frau für einen Menschen, den sie lieb hat, so viel tun kann. – Ich hab' ja immer gewußt, daß du mich liebst, – aber du bist kaum drei Jahre verheiratet, wie kann man einem Ehemann zumuten –

SIE Was für Frauen mußt du gekannt haben! –

ER Es ist ja – beinahe unerklärlich. – Was du mir beteuert hast, erzählen einem die Frauen immer; – es ist halt eine Notlüge, – man hört's ja auch gerne –

SIE *sieht ihn starr an.*

ER *durch ihren Blick immer befangener werdend* Freilich, du bist eben anders, ganz anders wie die übrigen alle. Aber man traut sich ja kaum, sowas anzunehmen. – Du mußt nur denken, was einem alles vorkommt in der Welt... Geh, gib mir deine Hand. *Nimmt die Willenlose und küßt sie* Du mußt mir verzeihen; – was du mir sagst, macht mich ja ganz glücklich. Ich hab' ja gar nicht geahnt, daß du mich so lieb hast –

SIE Warum bin ich denn deine Geliebte geworden?

ER Daß du mich gerne hast, das hab' ich ja vom ersten Tag an gewußt – und wenn eine Frau einen Mann gern hat, so hat sie ja sozusagen ein Bedürfnis, ihm treu zu bleiben – es gibt gewiß manche, denen ihr Gatte förmlich zuwider ist – aber manchmal kann man sich schwer helfen, nicht wahr?

SIE Du hast gemeint, ich belüge dich! –

ER Nein, – ich hab' nur nicht, ja wie soll ich das sagen, – ich hab' nur kaum zu träumen gewagt, daß du mir – die Wahrheit sagst –

SIE *schüttelt traurig den Kopf.*

ER Na... du! – Sei nicht traurig...

SIE Du begreifst aber jetzt vielleicht, – daß ich – nicht sehr lustig bin.

ER Ja, ja, ja... was machen wir jetzt nur mit deinem Mann? –

SIE Und du verstehst, daß ich dir's – zuerst gesagt habe.

ER Na geh' – nicht mich so höhnisch behandeln...

SIE *ist zum Fenster gegangen; es dämmert immer mehr.*

ER *setzt sich nieder, dann steht er auf.*

SIE Nun? –

ER *verlegen* Daß du... daß du dich irrst, ist ausgeschlossen? –

SIE Vollkommen.

ER Hm... ja, ja, wenn ich schon meine Selbständigkeit hätte!...

SIE *wendet sich wieder zu ihm, er kann ihr Gesicht nicht mehr deutlich ausnehmen.*

ER *tritt näher zu ihr* Da könnten wir – einfach nach Amerika durchbrennen. –

SIE *nickt nur mit dem Kopf.*

ER Ach, in solchen Momenten spürt man erst, was die Abhängigkeit für ein furchtbares Los ist. Denn eigentlich, wenn ich auch im Bureau von Papa arbeite, ich bekomme ja doch eigentlich nur ein Taschengeld! –

SIE Mit Amerika ist's da freilich nichts! –

ER Ich bin eigentlich gefesselt, an Händen und Füßen. Ich komm' mir manchmal vor wie ein Sklave.

SIE Ich möcht' nur eines wissen... wirst du mich immer lieb haben?

ER *sie an sich ziehend* Aber, aber! – Wie kann man nur so fragen! Du hast ja gar keine Ahnung, wie gern ich dich hab', – jetzt beinahe noch mehr als früher.

SIE Jetzt darfst du mich nicht mehr verlassen!

ER Aber was redest du denn eigentlich... Na schau!... Du!... Na, nicht traurig sein! –

SIE *plötzlich wieder in Erregung* Ja, aber was,... ja was...

ER Was zu tun ist!... ja, sag, – wie lang ist's denn eigentlich?... Es kann sich ja doch nur um ein paar Wochen handeln –

SIE *nickt.*

ER *mit Entschiedenheit* Herrgott, wenn ich nur mein eigener Herr wär!

SIE Was wär' denn dann?

ER Da fragt sie noch! – Ich hab' dir's ja schon gesagt! Glaubst du, ich ließ' dich nur einen Moment bei deinem Mann? –

SIE *zärtlich an ihn sich schmiegend.*

ER Aber so, so!

SIE Was also, was? Was? –

ER Man muß halt nachdenken. Vielleicht ließe sich jetzt... wo's doch erst ein paar Wochen dauert –

SIE Du! – Kein Wort mehr davon! –

ER Ja freilich, – du hast ganz recht. Entschuldige, daß ich nur einen Augenblick gedacht hab'... Es fährt einem eben alles Mögliche durch den Kopf bei so einer *sucht in der Befangenheit ein heiteres Wort* festlichen Gelegenheit. Es wär' auch ein Unsinn, es ist ja doch immer eine Gefahr dabei.

SIE Eine meiner Freundinnen wär' auf die Art beinahe gestorben.

ER Wie, eine Freundin – eine verheiratete Frau?

SIE Natürlich!

ER Eine verheiratete Frau? – Da ist es aber doch wirklich geradezu ein Verbrechen. Also bei einem jungen Mädel aus anständiger Familie, wenn einmal so ein kleines Malheur passiert, da ist es ja begreiflich – aber wenn man einen Mann hat, da ist es einfach ein Leichtsinn! Rein nur, damit sie keine Unannehmlichkeiten hat! –

SIE *trüb lächelnd* Wenn man einen Mann hat!

ER Aber du hast ja einen –

SIE Ich hab keinen, ich hab' nur dich!

ER Aber... du... etwas muß ja doch geschehen wegnehmen von deinem Herrn und Gebieter kann ich dich ja doch nicht –

SIE Nun?

ER *nahe zu ihr, es ist sehr dunkel* Na, ich möchte jetzt an deiner Stelle froh sein, daß ich einen Mann habe.

SIE *irritiert* Aber ich sagte dir doch schon –

ER Es wäre doch die einfachste Lösung

SIE Was –?

ER Na, du verstehst mich ja, es ist doch nicht so schwer

SIE Mich ihm...

ER Na, nicht vielleicht wieder Flitterwochen mit ihm verleben, da tät' ich schon bitten –

SIE *schweigt, dann sieht sie ihn groß an* Aber – für – eine Nacht –?

ER *gütig* Ja! –

SIE Ah!... *Sie schlägt ihn ins Gesicht, nimmt Hut und Schleier, geht; schließt die Tür hinter sich.*

ER *bleibt wie gelähmt stehen* Du!... *will ihr nach* Ah nein – *mißlaunig* Überspannte Person!... *wütend* Überspannte Person... Da gibt man einer einen... guten Rat, und sie wird noch grob. Das ist dann die Liebe!... Der Himmel schütze einen vor verliebten Weibern – Überspannte Person!... Und folgen wird sie mir ja doch!...

Ende

JAKOB HARINGER

Abend

Wir suchen in Jeder die Andre,
Wir finden in Keiner was war!
All unser Sehnen verbrannte
Und war doch der Morgen so klar.
Weißt Du, die Veilchen und Ampeln –
Ach so verdämmern auch wir,
An unser mailiches Wandeln
Band sich bloß welkendes Haar.
Häuser! sie winken uns Gnade,
Doch ihre Türn warn verflucht,
Kindliche Sommergestade;
Ach wo bist Du, die mich sucht?
Toren, wir! ewig Verbannte!
Was hieß einst Glück und Altar...
Wir suchen in Jeder die Andre,
Wir finden in Keiner was war.

JOSEPH ROTH

Weshalb die Liebe erlischt

Die drei Gründe – Die freie Liebe – Und die »wahre Liebe«

Im choreographischen Bund Lichterfelde spricht ein Herr Otto *Blank* über das traurige Thema: Weshalb die Liebe erlischt.
Es ist ein interessantes Thema, und es sollte sich jeder junge Mann nicht nur dem Erlöschen der Liebe hingeben, sondern auch den Ursachen, die dazu führen.
Es waren sehr viele *junge Männer* im Saal, denen man teils das

Entstehen, teils das Erlöschen der Liebe ansah. Die jungen Damen, die auch anwesend waren, weil zum Erlöschen der Liebe unbedingt zwei notwendig sind – das erfuhr man später aus dem Vortrag –, trugen gleichgültige Gesichter, als wäre ihnen die Liebe gleichbedeutend mit einem geringfügigen Kurzschluß bei einer entfernten Tante in Magdeburg.

So stolz sind die Damen.

Und schüchtern sind sie auch zugleich. Sie saßen nämlich in den rückwärtigen Bänken und hüteten sich wohl, ein bißchen vorzurücken.

Dagegen saßen die jungen Männer demonstrativ interessiert in den ersten Reihen, um die Weisheit sozusagen aus erster Lippe zu saugen.

Auch ehrbar *verliebte Pärchen* waren zu sehen. Die saßen zusammen und verglichen die apodiktischen Wahrheiten des Vortragenden mit den Symptomen, die ihr Zusammensein aufwies. Sie degradierten sich so selbst zu lebenden Demonstrationsobjekten und praktischen Beweisen für die Theorien des Meisters Blank.

Ehepaare im mittleren Alter waren nur spärlich vertreten und diese wenigen so angefüllt mit Selbstbewußtsein und Über-den-Dingen-der-Liebe-stehen, daß sie den Ehebegriff überhaupt repräsentierten. Sie saßen da wie zur Kontrolle dessen, was über das Erlöschen der Liebe gesagt wurde. Wer sie ansah, wußte alles und brauchte gar nicht erst hinzuhören.

Unsinnigerweise hatten manche auch ihre *Kinder* mitgebracht, gewissermaßen die Folgen der erlöschenden Liebe.

Der Vortragende hatte ein gleichgültiges Gesicht, in dem nicht die Spur eines Erlebnisses verzeichnet war, und das harmlos und jungfräulich aussah wie eine blankgewischte Schultafel.

Dennoch leitete er seinen Vortrag mit einem Hinweis auf seine »reichen Erfahrungen« ein, die sich ihm eigens zu Vortragszwecken zur Verfügung gestellt haben dürften. Ich habe die unabweisliche Empfindung, daß er außerhalb seines

Berufes als Berater in Liebesangelegenheiten fern von den Erfahrungen lebt, den reichen.

Er sagte nämlich, die Liebe erlösche durch: 1. *Armut,* 2. *Temperament,* 3. durch *»neue Einflüsse anderer Natur«.*

Die *Armut,* so führte er aus, sei ein »schlimmer Gesell«. Das Wort des Dichters vom »Raum ist in der kleinsten Hütte« bewahrheite sich keinesfalls. Der Dichter hat von den kleinsten Hütten offenbar keine Ahnung gehabt.

Das *Temperament* – er meint das hitzige – sei gefährlich, weil es die Gefühle durch »häufige Anwendung« abnutze und stumpf mache. Das dauert so ein Vierteljahr, und dann ist der Zauber weg.

Die *»neuen Einflüsse«* sind Ablenkungen eines oder des andern Teils der Liebenden, sei es durch Personen, sei es durch Erlebnisse, anderes Milieu, neuer Beruf und dergleichen.

Von allen Dichterworten über die Liebe sei nur eines wahr. Das lautet: *Drum prüfe, wer sich ewig bindet.*

Der Vortragende ist trotzdem ein Gegner der freien Liebe, weil sie »das Gewissen stumpf macht« und zweitens: weil wir einfach »noch nicht so weit sind«.

»Das wird noch Jahrhunderte dauern«, sagt er, und sein prophetisch aufgerissenes Auge schweifte von den Hörern weg in die blaue Zukunft.

Von dort kehrte es erst wieder beim Schluß des Vortrags, der in einer Verherrlichung der »wahren Liebe« ausklang.

Die Ehepaare stießen sich mit den Ellenbogen zärtlich an, und die jungen Damen trauten sich teilweise in die ersten Bänke vor.

Die Liebespärchen erglänzten intim und verdunkelten den Schein der drei elektrischen Birnen und Äpfel.

Die selbständigen jungen Männer machten ungläubige und enttäuschte Gesichter.

Ach! Sie waren gekommen, um einen Nackttanz von schamlosen Worten und Begriffen zu sehen, und sie erlebten einen frommen Reigen sittlicher Traktätlein.

Sie beschlossen, sich anderwärtig zu entschädigen, wozu es auch in Lichterfelde Gelegenheit gibt.

Die kleinen Kinder trippelten an der Hand ihrer Mütter aus dem Saal und begannen, der Liebe entgegenzuwachsen, wie Azaleen nach einem Sommerregen.
Und ich fühle in meinem Herzen die Liebe erwachen. Trotz alledem!

ERICH KÄSTNER

Sachliche Romanze

Als sie einander acht Jahre kannten
(und man darf sagen: sie kannten sich gut),
kam ihre Liebe plötzlich abhanden.
Wie andern Leuten ein Stock oder Hut.

Sie waren traurig, betrugen sich heiter,
versuchten Küsse, als ob nichts sei,
und sahen sich an und wußten nicht weiter.
Da weinte sie schließlich. Und er stand dabei.

Vom Fenster aus konnte man Schiffen winken.
Er sagte, es wäre schon Viertel nach vier
und Zeit, irgendwo Kaffee zu trinken. –
Nebenan übte ein Mensch Klavier.

Sie gingen ins kleinste Café am Ort
und rührten in ihren Tassen.
Am Abend saßen sie immer noch dort.
Sie saßen allein, und sie sprachen kein Wort
und konnten es einfach nicht fassen.

HANS JOACHIM SCHÄDLICH

Apfel auf silberner Schale

Bine wollte raus am Sonntag. Ich? Hatte selber Frischluft nötig. Also wir los. Ich kenn 'ne Obstplantage, um die Zeit is da keiner. So halb auf 'm Berg, mit Fernblick auf die LPG, da kannste stundenlang in der Sonne liegen. Haste Kohldampf, schüttelste 'n Baum. Brauchst die Vitamine bloß aufsammeln. Gras gibt 's auch, schön weich. Wir also 'n ganzen Tag Adam und Eva. So zwischen fünfe sind wir abgehauen. Bine wollte noch tanzen gehen. Bloß, es fuhr kein Bus. Wir stehen und stehen.

Lieber zelt ich hier als jetzt tippeln, sagt Bine.

Die braucht nich lange warten. Hält so 'n Typ mit 'm blauen Fiat, Marke Polski. Bine sitzt schon halb, da komm ich.

Na schön, sagt der.

Bine vorn, ich hinten. Stellt sich raus, der Clown fährt gar nich in die Stadt. Is bestimmt 'ne Finte, denk ich, und siehste, der muß auf seine, sagt der doch tatsächlich Datsche. Schönschön, Bine in der Laube von dem Onkel da, aber ich bin auch noch hier, was hat sich denn die Halbglatze ausgedacht?

Die Zweitwohnung von dem hättste sehen sollen, Mensch. Ich dacht immer, so was gibt 's bloß hinter der Grenze, wo das andere Land wuchert. 'ne komplette Villa am See. Ich erst mal rein und das ganze Ding abgeleuchtet. Ich mußt immer an Kutte denken, wie der wohnt mit seinen Wurzeln.

Dieser aufgeschwemmte Komiker grinst bloß, schenkt uns was ein, Whisky, für achtzig Mark die Flasche oder von drüben, und Bine, das Stück, tut glatt, als kotzt sie der ganze Mist nich an. Aalt sich im Ledersessel, der Onkel schmeißt seine Anlage an, 'ne original Rhythmusmaschine, Platten hat er auch, viel zu schade für den, und Bine hilft sich hoch, Zigarette zwischen den Zähnen, und tanzt, solo.

Öde. Ich geh auf die Terrasse, die Tür laß ich offen, bißchen atmen. Mal sehen, was der Bootsschuppen macht, ich steig

runter, vielleicht rudern, is aber alles dicht. Ich steh so am Ufer, eine rauchen.
Wieder zurück, Musik is immer noch, ich komm rein, sitzt doch Bine auf dem Clown sei'm Schoß. Wenn ich dadran denk, kommt mir wieder der Kaffee hoch.
Ich sag, Bine, laß den Sabbel, wir ziehen jetzt Leine.
Aber denkste. Die rotzfrech, sagt, Käs nich rum, gib mir lieber 'ne Zigarette.
Und jetzt auch der Komiker, Nimm dir was zu trinken, Junge, schieß doch nich quer, ihr könnt hier übernachten, undsoweiter.
Nach jedem zweiten Wort kullert der die ganz irre an.
Ich sag noch mal, Der geht mir auf 'n Senkel, was willst du denn mit so 'm verschimmelten Affengesicht.
Aber Bine sagt bloß, Mensch, mir schießt gleich 's Wasser in de Augen. Laß mich doch. Mir gefällt 's hier. Noch drei Jahre, und ich seh aus wie 'n alter Apfel. Dann kann ich immer noch unterm Baum liegen.
Ich steh so da und krieg 'ne unheimliche Wut. Bine links und rechts 'n paar kleben, dem Onkel mit 'm Kaminhaken eins über die Rübe, die ganze Bude in Klump hauen, die Gläser, die Fensterscheiben, rumbrüllen, daß die Scherben klirren, das wär jetzt fällig.
Plötzlich denk ich, Mann, den ganzen Scheiß muß ich schon mal irgendwo im Kino gesehen haben. Lieber lauf ich die ganze Nacht als noch drei Sekunden bleiben.
Ich reiß die Tür auf und raus, raus hier.
Bine hab ich sofort vergessen. Und ihr neuer Typ, so was is für mich gestorben, aber das lebt.

CLEMENS BRENTANO

Der Spinnerin Lied

Es sang vor langen Jahren
wohl auch die Nachtigall,
das war wohl süßer Schall,
da wir zusammen waren.

Ich sing' und kann nicht weinen
und spinne so allein
den Faden klar und rein,
solang der Mond wird scheinen.

Da wir zusammen waren,
da sang die Nachtigall;
nun mahnet mich ihr Schall,
daß du von mir gefahren.

So oft mag scheinen,
gedenk' ich dein allein,
mein Herz ist klar und rein,
Gott wolle uns vereinen!

Seit du von mir gefahren,
singt stets die Nachtigall,
ich denk' bei ihrem Schall,
wie wir zusammen waren.

Gott wolle uns vereinen,
hier spinn' ich so allein,
der Mond scheint klar und rein,
ich sing' und möchte weinen!

JULIAN SCHUTTING

Wörter

jetzt weißt du, wie es ist,
wenn Wörter, unversehens dir übers Herz streichend,
sich in Herzweh verwandeln;
wenn die Kühle eines bis dahin Zuneigung strahlenden
 Wortes
ein im dir-Aufsteigen sich setzendes Erschrecken ist
und du, in der Magengrube es fühlend,
ihm auch noch danken mußt, daß es nicht eines der Wörter
 ist,
die sich verkrampfen in dem mit abgestorbenen
 Liebeswörtern
sich zerfleischenden Herzen.
jetzt weißt du es, wie es ist,
wenn ein unbedachtes Wort
eines Nochnichtliebenden oder Nichtmehrliebenden,
ein Wort wie Wienerwald,
sich dir ins Herz treibt und mit seinen langen Wurzeln
den eben noch schlummernden Schmerz
ziehend in deine Seele steigen läßt;
wenn Trost meinende, aber Trost verweigernde Worte
Vergangenes aufleuchten lassen
oder über Nacht verblichene Worte,
vom nichtmehrliebenden Nochimmergeliebten gebraucht,
als kleinste Hoffnung auch deren Gegenteil bedeuten,
vereist von der Kälte seiner Stimme der Weg,
den sie dir zu ihm weisen;
wie es ist, Wörter vergeblich zurückzuverlangen
vom untergegangenen Mond, auf daß sie
alles das, was sie erstickt hat, ersticken würden.
jetzt weißt auch du, wie es ist,
wenn deinen Worten, die in anderen Worten:
gib mir die Hand, ich ertrinke! sagen,

ein Rückfall folgt in die Taubstummenzeit vor uns
unbegreiflich, weil nur dem Schmerz begreifbar,
das von anderer Liebe sprechende Schweigen

JÜRG AMANN

Aschenliebe

Mit diesem Häufchen Asche, sagte Zellweger plötzlich zu mir, habe ich einmal geschlafen. Und die tollsten philosophischen Gespräche geführt. Es ist nicht zu fassen.
Pscht! machte ich und legte den Finger an die Lippen.

Wir waren zusammen zum Rosenberg hinausgefahren, zu dieser Beisetzung unserer Studienkollegin.

Es ist nicht zu fassen, wiederholte Zellweger. Ich blickte ihn warnend an. Wir standen etwas abseits, im Schatten einer gigantischen Buche. Es ging gegen Mittag. Die Sonne brannte herunter. Es war ein staubiger Tag.
Sie hat die Beine für mich geöffnet, sagte Zellweger. Sie ist naß geworden für mich. Sie hat die Beine um mich geschlossen.
Denk nicht daran, sagte ich. Zellweger hatte den Kopf gesenkt. Seine Haut war gerötet. Er blickte an sich entlang auf die Erde, auf die Schuhspitzen, die er abwechslungsweise ins Gras gebohrt hatte.
An was sonst soll ich denken? fragte er mich.
An etwas anderes, entgegnete ich.
Aber an was? Er hatte extra die schwarzen Schuhe angezogen. Die Konfirmationsschuhe, die er seit damals nicht mehr getragen hatte. Sie mußten ihn furchtbar drücken.
Die Schuhe drücken mich, sagte er. Und der Anzug ist mir zu eng. Seit ewig habe ich keine Krawatte getragen. Ich werde ersticken.

Mach doch den obersten Hemdknopf auf, sagte ich.
Der ist doch schon auf, sagte er.
Dann zieh eben die Jacke aus, sagte ich.
Laß uns gehen, flüsterte er. Er zog mich am Ärmel. Ich war hemdsärmlig gekommen, als einziger, wie ich nun feststellen mußte. Die anderen standen alle schwarz um das Grab.
Das fällt auf, sagte ich.
Das fällt nicht auf, sagte er. Er zog mich wieder am Arm.
Hör auf, sagte ich.
Die schauen doch gar nicht zu uns, meinte er. Aber in diesem Augenblick hatte sich jemand umgedreht. Ihr Bruder vielleicht, ein Bekannter, ein Freund. Ich kannte ihn nicht.
Siehst du! zischte ich.
Also gut, sagte er. Er ließ mich los. Er zog seine Jacke aus.
Aber sei still, sagte ich.

Er war still. Von drüben hörten wir jetzt abwechslungsweise den Priester und die Gemeinde Gebetsformeln murmeln.

Ich habe diese Asche in meinen Händen gehalten, begann Zellweger wieder. Leiser als vorher. Ich habe mit ihr getanzt, verstehst du, an ihrem Geburtstag, im Garten, irgendwo dort an der Schwertlilienstraße.
Ist ja schon gut, sagte ich.
Ich bin ihr mit dieser Hand über die Haare gefahren, die Schulter entlang, über den Rücken. Ich habe sie an mich gedrückt. Hörst du mich? An mich gedrückt!
Er sah mich fassungslos an. Mit weit aufgerissenen Augen.
Ich glaub es dir ja, sagte ich. Du hast mir davon erzählt.
Und dann, sagte er, gegen Morgen, sind wir den Hügel hinaufgegangen. Wir hielten uns an der Hand. Ich höre noch, wie ich sage, so, Hand in Hand mit dir, kann mir nichts mehr passieren. Und haben uns im feuchten Gras geliebt.
Hör auf, sagte ich.
Und sind dann eingeschlafen nebeneinander.
Reiß dich zusammen!

Zellweger starrte mich an. Er schwitzte. Er war jetzt ganz weiß im Gesicht. Tropfen rannen ihm aus dem Haar. Er packte mich an der Schulter.

Zellweger! schrie ich ihn an. Die Köpfe vor uns fuhren herum. Zellweger, sagte ich leise, ich weiß, du hast sie sehr gern gehabt.
Ich habe mit ihr geschlafen, flüsterte er. Ich habe mit dieser Asche geschlafen. Die sie jetzt dort in die Erde stellen. In diesem kleinen Gefäß. Es ist nicht zu fassen.

Er weinte. Die Arme hingen ihm schlaff von den Schultern. Trotz seiner Fettleibigkeit wirkte er schmal. Die Jacke, welche am Kragen an seinem Zeigefinger hing, bedeckte die Schuhe. Die ganze Gestalt hing bedenklich vornüber. Ich faßte ihn unter dem Arm.

Sie hat, sagte er, auf der linken Brust ein kleines, vereinzeltes Haar gehabt.
Komm, sagte ich. Wir hätten niemals auf diesen Rosenberg fahren dürfen.
Warum, sagte er, warum hat sie dann angefangen, Motorrad zu fahren?

Der Kies unter den Sohlen knirschte. Im Hintergrund verklang nun die Glocke. Ich hatte es nicht mehr ausgehalten. Ich hatte ihn fortgezogen vom Grab.

JOHANN PETER HEBEL

Unverhofftes Wiedersehen

In Falun in Schweden küßte vor guten fünfzig Jahren und mehr ein junger Bergmann seine junge, hübsche Braut und sagte zu ihr: »Auf Sankt Luciä wird unsere Liebe von des Priesters Hand gesegnet. Dann sind wir Mann und Weib und bauen uns ein eigenes Nestlein.« – »Und Friede und Liebe soll darin wohnen«, sagte die schöne Braut mit holdem Lächeln, »denn du bist mein einziges und alles, und ohne dich möchte ich lieber im Grab sein als an einem andern Ort.« Als sie aber vor Sankt Luciä der Pfarrer zum zweiten Male in der Kirche ausgerufen hatte: »So nun jemand Hindernis wüßte anzuzeigen, warum diese Personen nicht möchten ehelich zusammenkommen«, da meldete sich der Tod. Denn als der Jüngling den andern Morgen in seiner schwarzen Bergmannskleidung an ihrem Haus vorbeiging, der Bergmann hat sein Totenkleid immer an, da klopfte er zwar noch einmal an ihrem Fenster und sagte ihr guten Morgen, aber keinen guten Abend mehr. Er kam nimmer aus dem Bergwerk zurück, und sie saumte vergeblich selbigen Morgen ein schwarzes Halstuch mit rotem Rand für ihn zum Hochzeitstag, sondern als er nimmer kam, legte sie es weg und weinte um ihn und vergaß ihn nie. Unterdessen wurde die Stadt Lissabon in Portugal durch ein Erdbeben zerstört, und der Siebenjährige Krieg ging vorüber, und Kaiser Franz der Erste starb, und der Jesuitenorden wurde aufgehoben und Polen geteilt, und die Kaiserin Maria Theresia starb, und der Struensee wurde hingerichtet, Amerika wurde frei, und die vereinigte französische und spanische Macht konnte Gibraltar nicht erobern. Die Türken schlossen den General Stein in der Veteraner Höhle in Ungarn ein, und der Kaiser Joseph starb auch. Der König Gustav von Schweden eroberte Russisch-Finnland, und die Französische Revolution und der lange Krieg fing an, und der Kaiser Leopold der Zweite ging auch ins Grab.

Napoleon eroberte Preußen, und die Engländer bombardierten Kopenhagen, und die Ackerleute säeten und schnitten! Der Müller mahlte, und die Schmiede hämmerten, und die Bergleute gruben nach den Metalladern in ihrer unterirdischen Werkstatt. Als aber die Bergleute in Falun im Jahr 1809 etwas vor oder nach Johannis zwischen zwei Schachten eine Öffnung durchgraben wollten, gute dreihundert Ellen tief unter dem Boden, gruben sie aus dem Schutt und Vitriolwasser den Leichnam eines Jünglings heraus, der ganz mit Eisenvitriol durchdrungen, sonst aber unverwest und unverändert war, also daß man seine Gesichtszüge und sein Alter noch völlig erkennen konnte, als wenn er erst vor einer Stunde gestorben oder ein wenig eingeschlafen wäre an der Arbeit. Als man ihn aber zu Tag ausgefördert hatte, Vater und Mutter, Gefreundte und Bekannte waren schon lange tot, kein Mensch wollte den schlafenden Jüngling kennen oder etwas von seinem Unglück wissen, bis die ehemalige Verlobte des Bergmanns kam, der eines Tages auf die Schicht gegangen war und nimmer zurückkehrte. Grau und zusammengeschrumpft kam sie an einer Krücke an den Platz und erkannte ihren Bräutigam; und mehr mit freudigem Entzücken als mit Schmerz sank sie auf die geliebte Leiche nieder, und erst als sie sich von einer langen heftigen Bewegung des Gemüts erholt hatte, »es ist mein Verlobter«, sagte sie endlich, »um den ich fünfzig Jahre lang getrauert hatte und den mich Gott noch einmal sehen läßt vor meinem Ende. Acht Tage vor der Hochzeit ist er auf die Grube gegangen und nimmer gekommen.« Da wurden die Gemüter aller Umstehenden von Wehmut und Tränen ergriffen, als sie sahen die ehemalige Braut jetzt in der Gestalt des hingewelkten kraftlosen Alters und den Bräutigam noch in seiner jugendlichen Schöne, und wie in ihrer Brust nach fünfzig Jahren die Flamme der jugendlichen Liebe noch einmal erwachte; aber er öffnete den Mund nimmer zum Lächeln oder die Augen zum Wiedererkennen; und wie sie ihn endlich von den Bergleuten in ihr Stübchen tragen ließ, als die einzige, die ihm angehöre und ein Recht an ihn habe, bis sein Grab gerüstet sei auf dem Kirchhof. Den andern Tag, als das Grab gerüstet war auf dem Kirchhof und ihn die Bergleute holten, schloß sie ein Kästlein auf, legte ihm das schwarzseidene Halstuch mit roten Streifen um und begleitete ihn in ihrem Sonntagsgewand, als wenn es ihr Hochzeittag und nicht der Tag seiner Beerdigung wäre. Denn als man ihn auf dem Kirchhof ins Grab legte, sagte sie: »Schlafe nun wohl, noch einen Tag oder zehn im kühlen Hochzeitbett, und laß dir die Zeit nicht lang werden. Ich habe nur noch wenig zu tun und komme bald, und bald wirds wieder Tag. Was die Erde einmal wiedergegeben hat, wird sie zum zweiten Male auch nicht behalten«, sagte sie, als sie fortging und noch einmal umschaute.

ERICH KÄSTNER

Ein gutes Mädchen träumt

Ihr träumte, sie träfe ihn im Café.
Er läse. Und säße beim Essen.
Und sähe sie an. Und sagte zu ihr:
»Du hast das Buch vergessen!«

Da nickte sie. Und drehte sich um.
Und lächelte verstohlen.
Und trat auf die späte Straße hinaus
und dachte: ich will es holen.

Der Weg war weit. Sie lief und lief.
Und summte ein paar Lieder.
Sie stieg in die Wohnung. Und blieb eine Zeit.
Und schließlich ging sie wieder.

Und als sie das Café betrat,
saß er noch immer beim Essen.
Er sah sie kommen. Und rief ihr zu:
»Du hast das Buch vergessen!«

Da stand sie still und erschrak vor sich.
Und konnte es nicht verstehen.
Dann nickte sie wieder. Und trat vor die Tür,
um den Weg noch einmal zu gehen.

Sie war so müde. Und ging. Und kam.
Und hätte so gerne gesessen.
Er sah kaum hoch. Und sagte bloß:
»Du hast das Buch vergessen!«

Sie kehrte um. Sie kam. Sie ging.
Schlich Treppen auf und nieder.

Und immer wieder fragte er.
Und immer ging sie wieder.

Sie lief wie durch die Ewigkeit!
Sie weinte. Und er lachte.
Ihr flossen Tränen in den Mund.
Auch noch, als sie erwachte.

CHRISTINE LAVANT

Ich möchte einen Becher haben

Ich möchte einen Becher haben
aus blaßem Glas mit zarten Zeichen;
den möcht ich meinem Liebsten reichen,
damit die kleinen, armen Gaben
ihm dünken wie ein Wunderwein.
Ich möchte wie verzaubert sein
zu einer Blume, die er liebt.
Doch Gott, der uns die Herzen gibt,
hat mich so fremd für ihn gemacht.
Nun weine ich oft Tag und Nacht
und fülle meinen dunklen Krug
mit Tränen wie mit roten Beeren,
die sich von Stund zu Stunde mehren,
und manchmal kommt ein schwerer Flug
von schwarzen Vögeln, welche klagen.
Ich weiß nicht: soll ich sie verjagen
und meinen Tränenkrug beschützen?
Mein Liebster wird ihn nie benützen,
weil er aus hellen Bechern trinkt,
Vielleicht, wenn heut der Abend sinkt,
ruf ich die Vögel, die schon lauern? –
Mein Liebster wird deshalb kaum trauern.

CHRISTINE BUSTA

Schlafendes Liebespaar

Jeder im Arm des anderen Garbe.
Barmherzigste aller Ernten
zwischen Leben und Tod.

Quellennachweis

Herausgeber und Verlag danken herzlich folgenden Autoren und Verlagen für die erteilte Abdruckgenehmigung:

Aichinger, Ilse, *Chinesischer Abend,* aus: Verschenkter Rat, 1978, © by S. Fischer Verlag, Frankfurt/Main
Altenberg, Peter, *Wenn ein Dichter eine schöne Frau kennenlernt; Don Juan,* © by S. Fischer Verlag, Frankfurt/Main
Amann, Jürg, *Aschenliebe,* aus: Die Baumschule, Berichte aus dem Réduit, Verlag R. Piper, © by Autor
Artmann, H.C., *mein herz,* © by Autor, *Ein Doppelleben,* aus: Grammatik der Rosen, © 1979 by Residenz Verlag, Salzburg
Bachmann, Ingeborg, *Dunkles zu sagen,* aus: Werke I., © R. Piper & Co. Verlag, München 1978
Bayr, Rudolf, *Sappho II,* by Univ.-Doz. Dr. Friedrich Harrer, Salzburg
Bender, Hans, *In der Gondel,* aus: Worte, Bilder, Menschen, 1969, © by Carl Hanser Verlag, München
Benn, Gottfried, *Drohung,* aus: Gottfried Benn. Sämtliche Werke. Stuttgarter Ausgabe. In Verb. Mit Ilse Benn hrsg. von Gerhard Schuster. Band II: Gedichte 2. Klett-Cotta, Stuttgart 1986
Bernhard, Thomas, *Im Frauengraben; Wahre Liebe,* aus: Der Stimmenimitator, 1978, © by Suhrkamp Verlag, Frankfurt/Main
Borchert, Wolfgang, *... vielleicht hat sie ein rosa Hemd,* aus: Wolfgang Borchert, DAS GESAMTWERK, Copyright © 1949 by Rowohlt Verlag, Hamburg
Brecht, Bertold, *Shen Te, die Liebende spricht; Erinnerungen an die Marie A.; Kandaules; Gesang von der Frau,* aus: Gesammelte Werke, 1967, © by Suhrkamp Verlag, Frankfurt/Main
Broch, Hermann, *Kulinarisches Liebeslied,* © by Suhrkamp Verlag, Frankfurt/Main
Busta, Christa, *Schlafendes Liebespaar,* © by Otto Müller Verlag, Salzburg
Canetti, Elias, *Der Sultansüchtige,* aus: Der Ohrenzeuge. 50 Charaktere, 1974, © by Carl Hanser Verlag, München
Dauthendey, Max, *Die Raben schreien,* aus: Gesammelte Gedichte, © Langen Müller in der F. A. Herbig Verlagsbuchhandlung GmbH, München
Dehmel, Richard, *Toilette.* Aus: Gesammelte Werke in drei Bänden, © by Tim Tügel, Hamburg
Doderer, Heimito von, *Das Verhängnis,* aus: Die Erzählungen. © 1972 C. H. Beck'sche Verlagsbuchhandlung, München.
Dürrenmatt, Friedrich, *Ann. (Der Mitmacher),* aus: Friedrich Dürren-

matt, Der Mitmacher, Copyright © 1986 by Diogenes Verlag AG Zürich
Eich, Günter, *Lauren,* aus: Gesammelte Werke, 1973, © by Suhrkamp Verlag, Frankfurt/Main
Frisch, Max, *Philemon und Baucis,* aus: Ges. Werke, 1976, © by Suhrkamp Verlag, Frankfurt/Main
Frischmuth, Barbara, *Die Anstandsstunde,* aus: Die Klosterschule, 1978. © by Residenz Verlag, Salzburg
George, Stefan, *Wir schreiten auf und ab im reichen flitter,* aus: Gottfried Benn, Sämtliche Werke. Stuttgarter Ausgabe. In Verb. mit Ilse Benn hrsg. von Gerhard Schuster. Band II: Gedichte 2. Klett-Cotta, Stuttgart 1986
Gerstl, Elfriede, *Ingroup-Liebe,* aus: Wiener Mischung, © by Residenz Verlag
Grass, Günter, *März,* aus: Günter Grass, Gedichte und Kurzprosa (Studienausgabe Band 11) Copyright © Steidl Verlag, Göttingen 1994
Gütersloh, Albert Paris, *Angéle Lutin heißt jenes Mädchen,* © by Prof. Wolfgang Hutter, Wien
Hahn, Ulla, *Der Himmel,* aus: Herz über Kopf, © 1982 by Deutsche Verlags-Anstalt GmbH, Stuttgart
Handke, Peter, *Das Gedicht von der Dauer ist ein Liebesgedicht,* aus: Gedicht an die Dauer, Das Gesamtwerk, 1986, © by Suhrkamp Verlag, Frankfurt/Main, *Sätze über die Liebe,* aus: Die Geschichte des Bleistifts, 1982. © by Residenz Verlag, Salzburg
Heissenbüttel, Helmut, *Shortstory,* aus: Helmut Heissenbüttel: Textbücher 1–6. Klett-Cotta, Stuttgart 1980
Hofmannsthal, Hugo von, *Die Beiden,* aus: Gedichte. © by Insel Verlag, Frankfurt am Main 1970
Hohl, Ludwig, *Erzählungen vom Knecht,* aus: Varia, 1977, © by Suhrkamp Verlag, Frankfurt/Main
Horvath, Ödön von, *Geschichte einer kleinen Liebe,* aus: Ges. Werke Bd. 5, 1986, © by Suhrkamp Verlag, Frankfurt/Main
Hutmacher, Rahel, *Warten,* aus: Geschichten, © 1980 by Hermann Luchterhand Verlag GmbH & Co. KG, Darmstadt und Neuwied. Alle Rechte vorbehalten: Luchterhand Literaturverlag, München
Jandl, Ernst, *erschaffung der eva,* aus: Laut und Luise, Gesammelte Werke, Bd. I., © 1985 Hermann Luchterhand Verlag GmbH & Co. KG, Darmstadt und Neuwied. Alle Rechte vorbehalten: Luchterhand Literaturverlag, München
Kafka, Franz, *Gestern kam eine Ohnmacht zu mir; Ich saß in der Loge; Ich liebte ein Mädchen,* aus: Hochzeitsvorbereitungen auf dem Lande. © by S. Fischer Verlag, Frankfurt/Main

Kästner, Erich, Ein gutes Mädchen träumt, Sachliche Romanze, Moralische Anatomie, aus: Gesammelte Schriften für Erwachsene, Atrium Verlag Zürich 1969. Copyright © by Erich Kästner Erben, München.

Kirsch, Sarah, *Anziehung; Don Juan kommt am Vormittag; Trennung,* aus: Zaubersprüche, 1974. *Ich bin sehr sanft,* aus: Landaufenthalt, 1969. © by Verlag Langewiesche-Brandt, Ebenhausen

Kluge, Alexander, *Ein Liebesversuch,* aus: Lebensläufe, 1974, © by Suhrkamp Verlag, Frankfurt/Main

Kramer, Theodor, *Wer läutet draußen an der Tür?,* aus: Gedichte, Band 1. © by Europa Verlag GesmbH., Wien

Kreiner, Otto, aus: *Fräulein, soll ich in Ihrem Schoße liegen?* © 1976 by Residenz Verlag, Salzburg

Krolow, Karl, *Was mit der Liebe war,* © by Residenz Verlag, Salzburg

Kuh, Anton, *Der Backfisch; Angelina oder: Der Blick durchs Schlüsselloch,* aus: Zeitgeist im Literaturcafé, Löcker Verlag, Wien, © by Kremayr & Scheriau, Wien

Kunze, Reiner, *Mein Freund, ein Dichter der Liebe,* aus: Die wunderbaren Jahre, © 1976 by S. Fischer Verlag, Frankfurt/Main

Langgässer, Elisabeth, *Die getreue Antigone,* aus: Der Torso. Erzählungen. © Claassen Verlag GmbH, Hildesheim

Lasker-Schüler, Else, *Komm zu mir in der Nacht; Ein alter Tibetteppich,* aus: Gesammelte Werke in drei Bänden, ab 1959, © by Kösel Verlag, München

Lavant, Christine, *Ich möchte einen Becher haben,* © by Otto Müller Verlag, Salzburg

Lehmann, Wilhelm, *In Solothurn,* aus: Wilhelm Lehmann. Gesammelte Werke in acht Bänden. Hrsg. von Agathe Weigel-Lehmann/ Hans D. Schäfer/Bernhard Zeller. Band 1: Sämtliche Gedichte. Klett-Cott, Stuttgart 1982

Mann, Thomas, *Anekdote,* aus: Gesammelte Werke, Erzählungen, 1960, 1974. © by S. Fischer Verlag, Frankfurt/Main

Mayröcker, Friederike, *Orpheus und Eurydike,* © by Suhrkamp Verlag, Frankfurt/Main

Mit einer Schußwunde, 1969. © by Carl Hanser Verlag, München

Musil, Robert, *An ein unbekanntes Fräulein,* aus: Robert Musil, GESAMMELTE WERKE, Copyright © 1978 by Rowohlt Verlag GmbH, Reinbek

Polgar, Alfred, *Liebe und dennoch,* aus: Alfred Polgar, KLEINE SCHRIFTEN, Copyright © 1983 by Rowohlt Verlag GmbH., Reinbek

Rilke, Rainer Maria, *Ihr Mädchen seid wie die Gärten; Liebes Lied; Sonett an Orpheus,* aus: Sämtliche Werke. © Insel Verlag, Frankfurt am Main 1955

Rosei, Peter, *Liebe,* aus: Reise ohne Ende, © by Autor Roth, Joseph, *Weshalb die Liebe erlischt; Erikas Schamgefühl,* aus: Berliner Saisonbericht, © 1984 by Kiepenheuer & Witsch, Köln
Sack, Gustav, *Im Heu,* © by Deutsche Schillergesellschaft, Marbach/Neckar
Saiko, George, *Giraffe unter Palmen,* aus: Die Erzählungen, Sämtl. Werke in fünf Bänden, Bd. III, 1990, © by Residenz Verlag, Salzburg
Schädlich, Hans-Joachim, *Apfel auf silberner Schale,* aus: Hans-Joachim Schädlich, VERSUCHTE NÄHE; Copyright © 1977 by Rowohlt Verlag GmbH, Reinbek
Schmidt, Eva, *Hotel am Meer,* aus: Ein Vergleich mit dem Leben, 1985. © by Residenz Verlag, Salzburg
Schnitzler, Arthur, *Die überspannte Person,* aus: Die dramatischen Werke, © 1962 © by S. Fischer Verlag, Frankfurt/Main
Schutting, Julian, *Wörter,* aus: Liebesgedichte, Residenz Verlag 1982, © by Autor
Schwitters, Kurt, *An Anna Blume,* aus: Das literarische Werk Band 2, DUMONT Buchverlag Köln, © 1974 Kurt Schwitters
Strauß, Botho, *Beziehungen,* aus: Paare Passanten, 1969. © by Carl Hanser Verlag, München
Tucholsky, Kurt, *Wider die Liebe,* aus: Kurt Tucholsky, GESAMMELTE WERKE, Copyright © 1960 by Rowohlt Verlag GmbH, Reinbek
Valentin, Karl, *Heirats-Annonce,* aus: Gesammelte Werke, © R. Piper & Co. Verlag, München 1961
Walser, Robert, *Brief an einen Ehemann,* aus: Das Gesamtwerk, 1978, © by Suhrkamp Verlag, Frankfurt/Main
Wecker, Konstantin, *Noch ne Erinnerung an Marie A.,* aus: Lieder und Gedichte, 1981, © by Ehrenwirth Verlag GmbH, München
Weinheber, Josef, *Die Trauung,* © by Otto Müller Verlag, Salzburg
Wondratschek, Wolf, *43 Liebesgeschichten,* aus: Früher begann der Tag mit einer Schußwunde, 1969, © by Carl Hanser Verlag, München
Zenker, Helmut, *Dantons Tod,* aus: Die Entfernung – Der Hausmeister, Verlag für Jugend und Volk, © by Autor

Für folgende Texte: Herbert Eisenreich, *Überholverbot,* Eugen Gonringer, *dein leib – mein blick,* aus: Stundenbuch, Peter Hille, *Abbild,* Ricarda Huch, *Wo hast Du all die Schönheit hergenommen,* August Stramm, *Trieb,* ließen sich bedauerlicherweise keine Autorisationen erreichen, da der Verbleib der Urheberrechte trotz sorgsamster Bemühungen nicht zu klären war.

Inhalt

Lieben